DON'T EAT THE MENU!

Ein Amerikaner erklärt die Feinheiten und Stolpersteine der englischen Sprache

von Eric T. Hansen
unter Mitarbeit von Astrid Ule

DON'T EAT THE MENU!
Ein Amerikaner erklärt die Feinheiten
und Stolpersteine der englischen Sprache

von Eric T. Hansen
unter Mitarbeit von Astrid Ule

Die Inhalte in diesem Buch sind in Teilen identisch mit
ISBN 978-3-468-73821-0.

Eric T. Hansen, Jahrgang 1960, wuchs in Hawaii auf, wo er Sprach-
wissenschaft studierte, bis es ihn nach Deutschland verschlug und er in
München zur Literatur des deutschen Mittelalters wechselte. Lange Jahre
war er als Englisch-Sprachlehrer und Übersetzer tätig. Heute lebt und
arbeitet er in Berlin und schreibt – auf Deutsch natürlich – humoristische
Sachbücher mit seiner Co-Autorin Astrid Ule, unter anderem „Planet
Mittelalter", die Bestseller „Planet Germany" und „Nörgeln! Des
Deutschen größte Lust" sowie die Thriller-Trilogie „Neuntöter", „Blutbuche"
und „Wassertöchter" unter dem Namen „Ule Hansen".

1. Auflage 2023

© 2023 PONS Langenscheidt GmbH, Stöckachstraße 11, 70190 Stuttgart
www.langenscheidt.com

Lektorat: Alexandra Bauer (textwerk, München), Corinna Löckle-Götz
Umschlagfotos: Tischplatte mit Teller und Besteck: Getty Images /
Suradech 14; 3 Flaggen: Shutterstock / suns07butterfly; Speisekarte:
shutterstock / Mind Pixell; zerrissenes Papier: Getty Images / voinSveta;
Portrait: Eric T. Hansen
Layout: Kathrin Mosandl; PONS Langenscheidt GmbH
Satz: tebitron gmbh, Gerlingen
Druck: Plump Druck & Medien GmbH, Rheinbreitbach

ISBN 978-3-12-563587-6

4

Intro

Ich weiß, wie es ist, sich mit einer Fremdsprache herumzu-
schlagen, weil ich die angeblich schwerste Sprache aller Zeiten
gelernt habe – Deutsch.

Noch heute, Jahrzehnte später, sitzt der Schock von damals
tief. Ich hockte in diesem miefigen Klassenzimmer im sonnigen
Hawaii und versuchte verzweifelt, den völlig unsinnigen Erklärungen meiner Deutschlehrerin zu folgen. Wie zum Beispiel:
Wörter hätten Geschlechter.

„Warum?", fragte ich.

„Das ist einfach so", gab sie zur Antwort.

Ein Hund sei ein „Er", eine Katze eine „Sie", aber ein Mädchen ein „Es".

„Wie kann das denn sein?" Ich war verstört. „Was für
Menschen tun so was?"

„Es ist einfach so", sagte sie.

Artikel wechselten ihre Form wie unsereins die Hemden – der,
den, dem, dessen –, je nachdem, ob sie gerade Nominativ,
Akkusativ, Dativ oder Genitiv waren. Wie? Es hieß zwei Tische
und zwei Stühle, aber zwei Tassen und zwei Gläser. Was?
Wurde ein Satz etwas komplizierter, kam das Verb erst am
Ende – das heißt bei uns *verb-kicking*.

„*Verb-kicking*? Sie machen Scherze!", klagte ich.

Sie zuckte die Achseln. „Doch, doch, so ist es."

Hinter dieser Sprache steckte überhaupt keine Logik. Die Deutschen konnten sich nicht mal einigen, wie viele Buchstaben es
im Alphabet gibt. Sie behaupten 26, können aber nicht erklären,
wo denn da die Umlaute ä, ö, ü und das Eszett bleiben. Und
überhaupt – wer kommt auf so eine Idee, ein Doppel-S wie ein
großes B zu schreiben? Muss das sein?

„Das Maß ist voll? Was ist ein Maß?"

Dann geschah es auf fast wundersame Weise, dass der Spieß sich umdrehte. Auf einmal stand ich vor einer Klasse voller verzweifelter Gesichter und musste immer wieder beteuern: „Ich weiß auch nicht, wie das kommt. Es ist einfach so."

Bevor ich in den 80ern nach Deutschland kam, erkundigte ich mich, wie ein junger Ami, der diese vertrackte Sprache nur rudimentär beherrscht, dort Geld verdienen könne. Die Antwort lautete: mit Englischunterricht. Der Markt sei riesig, alle Deutschen wollten ihr Englisch auffrischen – und alle bevorzugten sie *native speakers*. Für sie gilt jeder *native speaker* als Experte. Das hat einerseits zur Folge, dass unendlich viele Angloamerikaner (damit meine ich Engländer, Amerikaner, Kanadier und Australier – transatlantische englische Muttersprachler also) dieses schöne Land ausgiebig studieren können, ohne dass ihnen nach einer Woche das Geld ausgeht. Andererseits wimmelt es in den Sprachschulen nur so von jungen Leuten, die nur deswegen Lehrer sind, weil ihre Muttersprache zufällig Englisch ist.

Im Hinblick auf mein Überleben in der Fremde änderte ich also mein Fach an der „University of Hawaii" von Anglistik zu Linguistik, und nach zwei Jahren wechselte ich auf die Ludwig-Maximilians-Universität in München. Dort brachte ich in privaten Sprachschulen frühmorgens und abends gestandenen Managern, Bankern und Sekretärinnen sowie angehenden Stewardessen, Schauspielern und Stipendiaten Englisch bei. Das ging auch nach Abschluss meines Studiums der deutschen Literatur des Mittelalters so weiter. Als freier Journalist im Ausland schwankte die Auftragslage gelegentlich, und in solchen Zeiten griff ich auf Übersetzungsarbeiten zurück und eben immer wieder auf Englischunterricht.

Ich erinnerte mich schmerzlich an meine Deutschstunden in Hawaii, wann immer meine Schüler mal wieder zu verstehen suchten, was der Unterschied ist zwischen *I come* und *I am coming* oder warum *fun* einfach nicht *funny* ist, weshalb *luck* manchmal, aber nicht immer „Glück" heißt. Und ich wusste: Der Ausdruck der Verwirrung in den Gesichtern war echt.

Während die Manager, Sekretärinnen und Studenten kamen und gingen, fiel mir etwas auf. Wenn es darum geht, Englisch zu lernen, haben die Deutschen, so unterschiedlich sie es auch angehen, einiges gemeinsam:

> 1. Alle glauben fest daran, dass sie viel schlechter sprechen, als sie es in Wahrheit tun.
>
> 2. Alle glauben, sobald sie erst die Regeln der Grammatik verstanden haben, würden sie die Sprache automatisch beherrschen.
>
> 3. Alle glauben, dass es so etwas wie „Oxford Englisch" tatsächlich gibt.
>
> 4. Alle glauben, Englisch sei eine unglaublich einfache Sprache – und dieser Glaube hält faszinierenderweise auch dann noch an, wenn sie nach der zehnten Erklärung immer noch nicht das englische Plusquamperfekt verstanden haben.
>
> 5. Alle machen immer wieder die gleichen Fehler – nicht die Fehler, die Franzosen oder Italiener machen, sondern „deutsche Fehler".

Irgendwann, dachte ich mir damals, muss ich mal ein Buch schreiben, in dem all das vorkommt. Kein Buch, das die gesamte englische Sprache erklärt, bloß eines, das sich ausschließlich mit den typischen Stolperfallen beschäftigt, in die speziell die Deutschen immer wieder tappen. Ein Buch über Englisch – nur für Deutsche.

Ich fing an, mir während des Unterrichts und in Gesprächen mit Freunden Notizen zu machen: Was einem die Englischlehrer in der Schule alles nicht erzählen; die Klischees über meine Muttersprache, die einfach nicht stimmen; die grundlegenden Unterschiede zwischen den beiden Sprachen, die nicht nur mit Vokabeln oder Grammatik zu tun haben.

Hier ist nun, nach fünf satirischen Büchern über andere Aspekte der deutschen Kultur, das Buch, das ich damals unbedingt schreiben wollte. Es ist für alle meine ehemaligen Schüler, die ich je mit dem englischen Plusquamperfekt gequält habe, in der Hoffnung, ihnen den Zugang zum Englischen ein Stück weit erleichtert zu haben.

Denn hinter der trockenen Mechanik der Sätze und Zeiten einer jeden Fremdsprache verbirgt sich eine elegante, faszinierende Lebendigkeit, die man anfangs noch gar nicht mitbekommt. Wenn meine Lehrerin auf der Highschool mir klargemacht hätte, dass es im Deutschen so schöne Wörter gibt wie das erhabene „Anmut", das witzige „Mumpitz", das sehnsüchtige „Fernweh" oder den mysteriösen Begriff „Aber hallo!", hätte ich mich auf der Stelle in diese Sprache verliebt.

Also habe ich mich nicht lumpen lassen. In diesem Buch werden Sie mehr poetische Begriffe, komische Redewendungen und schmutzige Wörter finden als in ähnlichen Sprachbüchern und ganz sicher nicht die, die Sie in der Schule gelernt haben. In diesem Sinne: *Go for the bacon!* – Ran an den Speck!

Wenn Mütter keine **mothers** mehr sind und Frauen keine **women**

Gerade in den letzten zwei, drei Jahren hat sich die englische Sprache rasant verändert, sodass es selbst für Muttersprachler so gut wie unmöglich ist zu wissen, welche Wörter man von Tag zu Tag bedenkenlos benutzen darf und welche nicht. Zum Glück gibt es wohlmeinende Menschen, die da Abhilfe leisten.

Die Universität Stanford in Kalifornien hat kürzlich eine recht lange Liste von Wörtern herausgegeben, die man nicht sagen soll, mitsamt Alternativbegriffen, die unbedenklich sind. Dort wird klargestellt, dass Begriffe wie

> *stupid* = dumm
> *black sheep* = schwarzes Schaf
> *rule of thumb* = Faustregel
> *webmaster* = Webmaster

diskriminierend sind.

Stupid grenzt Menschen mit niedriger Intelligenz aus, *black sheep* assoziiert schwarze Haut mit negativen Eigenschaften, *rule of thumb* erniedrigt Menschen ohne Daumen, und das *master* in *webmaster* erinnert an *slave master* = Herr über Sklaven bzw. „Sklaventreiber". Stattdessen soll man sagen:

> *boring* = langweilig
> *outcast* = Ausgestoßene
> *standard rule* = Standardregel
> *web product owner* = Webproduktbesitzer

Die Gesamtliste ist lang und ambitioniert – die ehrenwerten Autoren wollen die Sprache wirklich von jeder Unreinheit säubern – und sorgte für so viel öffentliche Aufregung, dass die Universität sie wieder von ihrer Website entfernen musste.

Schon heute hat *wokeism* die englische Sprache jedoch nachhaltig verändert und tut das weiterhin jeden Tag, nicht nur in Amerika. Im Bestreben, Minderheiten in der Gesellschaft nicht auszugrenzen, sondern zu achten und wertzuschätzen, wird die Sprache an allen Ecken und Enden umgebogen, und das fordert nicht nur Muttersprachler heraus, sondern Fremdsprachler noch mehr. Dabei geht es bei *wokeism* nicht nur um eine Handvoll „verbotener Wörter", sondern auch um grammatikalische Regeln, die im Widerspruch stehen zu dem, was Sie in der Schule gelernt haben.

Und alles fing an mit einem Bluessänger.

WOKEISM

Ich habe den Woke-Blues

Das Wort *woke* hört sich für uns neu und modern an, doch wir haben es dem berühmten Bluessänger Lead Belly zu verdanken, der es 1938 einführte, als er über sein Lied *Scottsboro Boys* (über eine unfaire Gerichtsverhandlung gegen schwarze Jungs) sprach. Lead Belly benutzte dabei eine Variante von *awake* (wach), um seine schwarzen Zuhörer zur Wachsamkeit gegenüber rassistischen Bedrohungen zu ermahnen: „Stay woke", sagte er – „Bleibt wachsam."

Lange wurde das Wort vorrangig von Schwarzen benutzt und bezog sich auf Rassismus speziell gegen Schwarze, bis es in den 1960ern eine allgemeinere Bedeutung annahm, und bald meinte es „politisch bewusst und informiert". Mit dieser Bedeutung wurde es von der eher weißen linken Protestbewegung aufgenommen und gilt heute, längst von seinen Wurzeln losgelöst, als allgemeines Schlagwort für alle Aspekte der *Inclusivity*-Bewegung – des Versuchs, alle Minderheiten in den Mainstream zu holen und gesellschaftliche und ökonomische Unterschiede zu reduzieren.

Auf eine einfache Formel heruntergebrochen, teilt der Woke-Gedanke die Welt in *oppressors* und *the oppressed* ein – in „Unterdrücker" und „Unterdrückte". Minderheiten (Schwarze und andere ethnische Minderheiten sowie Menschen mit bestimmten gesellschaftlichen Nachteilen, z. B. behinderte oder fettleibige Menschen, aber auch Frauen, die ja keine Minderheit sind) gehören zu den *oppressed*, während alle Mehrheiten (Männer, Weiße und Menschen, die körperlich unversehrt sind) zu den *oppressors* zählen. Wer weiß oder unversehrt ist, aber nicht als *oppressor* dastehen will, kann sich als *ally* bezeichnen – als weißer Alliierter der Unterdrückten.

Interessanterweise verdanken wir diese dualistische Einteilung der Welt zu einem erheblichen Teil ausgerechnet den Deutschen. *Wokeism* ist ein indirekter Nachfolger von *Western Marxism* – einer marxistischen Lehre, die sich weniger mit Ökonomie als mit Kultur beschäftigt. Zu ihren wichtigsten Vertretern zählen die Philosophen der Frankfurter Schule wie Herbert Marcuse und Theodor Adorno, die vor allem in den 1960ern in amerikanischen Universitäten sehr beliebt waren und die als Zeugen der Hitler-Zeit einiges über Unterdrückung zu sagen hatten. Das ist auch der Grund, warum *wokeism* oft mit Universitäten verbunden wird – dort hat er seinen Ursprung, und von dort aus wird er von einer jungen Generation, die mit Social Media groß geworden ist, in die Welt hinausgetragen.

PHOBIA, PHOBIC, PHOBE

Triggern, canceln, Privilegien und Unterdrücker

Viele der neuen Begriffe sind schon über den großen Teich nach Deutschland gewandert – die umstrittene *cancel culture* zum Beispiel, die jeden Promi, ob Politiker, Komiker, Filmstar oder Instagram-Influencer, das Fürchten lehrt.

Oder *trigger warning* („Trigger-Warnung") – *trigger* meinte ursprünglich den Abzug einer Waffe, dann wurde es in der Psychologie zum „Auslöser" einer psychotischen Episode, zum Beispiel bei Patienten, die an einer posttraumatischen Belastungsstörung leiden, und heute bedeutet es einfach „jemanden in Aufregung versetzen".

Das ist nicht das einzige Wort aus dem Bereich Medizin, das eine Wandlung durchgemacht hat. *Phobia* zum Beispiel bedeutet bekanntlich „Angst", und *homophobia* „Angst vor Homosexualität". Heute meint man mit dem Adjektiv *phobic* eher „Hass", und das Wort kann auf alles übertragen werden: *transphobia*

(Substantiv), *transphobic* (Adjektiv) oder *transphobe* (ein Mensch, der unter Transphobie leidet) bezeichnet eine Intoleranz gegenüber Transsexuellen.

Auch Begriffe, die vormals geschichtliche Phänomene bezeichneten, werden von der *Woke*-Kultur in Anspruch genommen. *Colonisation* bedeutet nicht nur die Besatzung eines Landes durch ein anderes Land, sondern dient als allgemeine Metapher für Unterdrückung: Hautfarben und Geschlechter können kolonialisiert (*colonized*) werden.

Privilege (Privileg) stand bisher für bestimmte Vorteile, die der Einzelne oder eine Gruppe erlangen kann. Heute ist es eine Eigenschaft, die ein unterdrückendes System seinen bevorzugten Klassen verleiht: Wer *privilege* hat, bekommt automatisch mehr Chancen im Leben, die besseren Jobs, die besseren Gehälter etc. Ist man weiß, hat man *white privilege*; ist man männlich, profitiert man von *male privilege*; ist eine Frau schön, hat sie *pretty privilege*. Die Listen der möglichen *Privilege*-Arten, die man im Internet nachschlagen kann, sind so lang, dass es erstaunlich ist, dass es noch Menschen ohne *privilege* gibt.

Eine der interessantesten Begriffsveränderungen ist *safe spaces*. Weil Minderheiten (heute: *marginalized groups*) ständig von Unterdrückung bedroht sind, brauchen sie „sichere Räume" bzw. Zufluchtsorte, wohin sie sich zurückziehen können und wo Menschen, die nicht zu ihrer Gruppe gehören, nicht willkommen sind. Der Begriff *safe spaces* hat seinen Ursprung in der Schwulenkultur und meinte ursprünglich eine Bar, wo Homosexuelle sich nicht verstellen mussten. Heute gibt es für jede mögliche Gruppe von Frauen über Schwarze bis hin zu Menschen mit Behinderung *safe spaces*, und das Konzept treibt bisweilen bizarre Blüten. In einer Studie der National Association of Scholars von 2019 wurde festgestellt, dass 43% der amerikanischen Universitäten Studentenwohnhäuser anbieten, wo nur Menschen mit einer bestimmten Hautfarbe wohnen können. Diese Praxis, eine Art *Woke*-Rassentrennung, nennt man *neo-segrega-*

tion, und sie gilt als anti-rassistisch, auch wenn ältere Generationen, die noch gegen Apartheid in Südafrika oder während der Jim-Crow-Ära bis 1965 im Süden der USA gegen Rassentrennung kämpften, darüber die Stirn runzeln.

Selbst der Begriff *racism* verändert sich rasant. Einst bedeutete er etwa die Herabsetzung oder den Hass auf einen Menschen aufgrund seiner Hautfarbe oder Herkunft. In *woke* Zeiten bedeutet *racism* einen angeborenen und im politischen System eingebauten Mechanismus, Schwarze und andere Minderheiten gesellschaftlich unten zu halten und Weiße bzw. die Mehrheit an der Macht.

Wo vormals jeder rassistisch sein konnte, egal welcher Hautfarbe, können heute Schwarze oder andere Minderheiten nicht rassistisch sein, selbst, wenn sie es wollten – per Definition ist nur die Mehrheit bzw. die herrschende Gruppe rassistisch, und zwar selbst dann, wenn sie sich bemüht, nicht rassistisch zu sein, denn der Mehrheitsrassismus ist unvermeidlich ins System eingebaut.

Diese grundlegende Veränderung entstand durch die neue *Woke*-Theorie über Rassismus namens *Critical Race Theory* (CRT). Diese lehrt, dass Rassismus keine individuelle Einstellung, sondern ein Instrument der Unterdrückung ist und daher nur von Unterdrückern verübt werden kann. Ein Schwarzer, der grundsätzlich Asiaten hasst, mag Asiaten diskriminieren, ist aber kein „Rassist", weil er Asiaten nicht unterdrücken kann.

CRT gründet sich auf die Idee des *systemic* oder *institutional racism* („im System eingebauter Rassismus"). Nach dieser Theorie wurde das ganze gesellschaftliche System, einschließlich der Gesetzgebung, auf den Prinzipien der Unterdrückung errichtet und ist auch heute noch unvermeidlich rassistisch (weil zum Beispiel selbst einige Gründungsväter der USA Sklaven hielten). Genau wie der Katholik mit der Erbsünde geboren ist, wird das weiße Kind laut CRT rassistisch geboren und muss ein Leben lang daran arbeiten, seinem inneren, unsichtbaren Rassismus aktiv entgegenzuwirken. Diesen Prozess der Selbstläuterung nennt man heute *antiracism*.

LGBTQ

Es war noch nie so kompliziert, schwul zu sein

Auch Schwule gehören zu den unterdrückten Minderheiten, und ihr Kampf um Gleichheit und Anerkennung ist längst zur Unterabteilung der *Woke*-Bewegung geworden. Heute mehr denn je wird sich die Gesellschaft ihrer homosexuellen Mitglieder bewusst, und je mehr dieses Bewusstsein wächst, desto mehr wächst die Zahl derer, die Teil der Bewegung sein wollen.

Während *gay* früher einfach „gleichgeschlechtliche Liebe" bedeutete (und noch davor bedeutete es „fröhlich, vergnügt"), bezieht sich dieses Adjektiv heute meist nur auf Männer, ähnlich wie *lesbian* sich nur auf Frauen bezieht. Für Menschen, die gern hin und her wechseln, kam ein dritter Begriff hinzu: *bisexual*. So entstand die Abkürzung *LGB* (*lesbian, gay* und *bisexual*).

Doch schnell stellte sich heraus, dass dieser inklusive Begriff bestimmte andere Gruppen ausschloss: Trans-Menschen zum Beispiel – obwohl *transsexuality* keine sexuelle Orientierung ist. Die Abkürzung wurde zu LGBT erweitert.

Ist der Ball einmal ins Rollen gekommen, ist es schwer, ihn aufzuhalten, und immer mehr Untergruppen einer *non-normative sexuality* meldeten sich und wollten eine eigene Bezeichnung. Da suchte man einen Begriff, der möglichst viele ungenannte Untergruppen abdeckte, und kam auf *queer* – ein Begriff, der ursprünglich einfach nur „schwul" meinte und heute als Dachbegriff für alle nicht-heterosexuellen Sexualidentitäten gilt – auch für Schwule und Lesben. So entstand *LGBTQ*.

Da hofften nicht wenige in der Bewegung, dass jetzt alle zufrieden wären, aber diese Hoffnung war umsonst. Was war mit den Menschen, die biologisch mit männlichen und weiblichen Geschlechtsmerkmalen geboren wurden? Da musste ein *I* für *intersex* her, und so entstand *LGBTIQ*.

Aber Moment mal: Wie steht es mit Menschen, die weder schwul noch lesbisch sind, dafür Sex insgesamt nicht toll finden, die *asexuals*? Und wieder wuchs der Sammelbegriff: *LGBTIQA*.

Doch was ist mit *pansexuals*? Mit *omnisexuals*? Um dem Zirkus, der nicht wenigen Mitgliedern der *LGBTIQA-community* peinlich geworden war, ein Ende zu setzen, einigte man sich auf ein Plus-Zeichen, das alle weiteren Untergruppen mitmeinen sollte: *LGBTIQA+* schließt jetzt wirklich jeden ein.

Allerdings benutzen selbst Mitglieder der *LGBTIQA+-community* oft nur wenige Buchstaben – *LGBTQ, LGBT* oder einfach nur *LGB* – sozusagen als Abkürzung der Abkürzung, auch wenn sich inzwischen auch ab und zu die super-inklusive Bezeichnung *LGBTIQCAPGNGFNBA+* finden lässt.

Dass man sich mit bei der Verwendung solcher Abkürzungen in die Nesseln setzen kann, selbst wenn man es gut meint, musste 2021 der kanadische Prime Minister Justin Trudeau erfahren, als er in einem Twitter-Feed die Bezeichnung *2SLGBTQQIA+* benutzte. Er erntete dafür sofort Spott und Häme und benutzte den Begriff seitdem nie wieder.

Doch *wokeism* verändert mehr als nur das Vokabular – auch die Grammatik wird beeinflusst. Für Deutsche, die in der englischsprachigen Welt nicht wie von vorgestern wirken wollen, ist es sinnvoll, sich von den neuen Begrifflichkeiten ein Bild zu machen.

Ach **Deutschland**, du hast es besser

Wenn ihr Deutschen glaubt, das Gendern im Deutschen mit den ganzen Binnen-i und Gender-Sternchen und den ständig wechselnden Regeln sei kompliziert, dann sage ich euch ...: Naja, ihr habt völlig recht. Von allen Sprachen der Welt, die auf Biegen und Brechen versuchen, sich den neuesten Trends im immerwährenden Krieg der Geschlechter anzupassen, macht ihr Deutschen es euch höchstwahrscheinlich am schwersten.

Aber es macht mich stolz, bekanntgeben zu können, dass wir in der englischsprachigen Welt gleich an zweiter Stelle kommen. Und wenn wir uns einer unmöglichen Sache widmen, dann tun wir das mit Herz und Seele. Auch wenn wir kein „der/die/das" oder „-Innen" haben, sind wir trotzdem in der Lage, unsere Sprache so endlos zu verkomplizieren, dass sich 400 Millionen Menschen auf der ganzen Welt oft ratlos am Kopf kratzen.

GENDER VS. SEX

Der feine Unterschied zwischen Gender und Geschlecht

Genauso wie *wokeism* das Vokabular und den öffentlichen Dialog über Rassismus verändert, lenkt es auch den ewig andauernden Krieg der Geschlechter in neue Bahnen. Vor allem, was das Wort *gender* betrifft.

Ursprünglich meinte das englische *gender* vor allem das grammatische Geschlecht eines Wortes – ein Wort sei entweder maskulin, feminin oder neutral – „der", „die" oder „das". Im Englischen gibt es zwar keine grammatikalischen Geschlechter – alles ist einfach *the* –, aber wenn wir in der Schule eine Fremdsprache wie Deutsch lernen, lernen wir gleich das Wort *gender* mit.

Nicht wenige Menschen haben *gender* mit *sex* verwechselt: Das Wort *sex* meint nämlich nicht nur „Geschlechtsverkehr", sondern auch das biologische Geschlecht eines Menschen oder eines Tieres. *Sex* kann sogar ein Verb sein. *Sexing the chicken* zum Beispiel bedeutet „das Geschlecht des Huhns feststellen" (das ist übrigens gar nicht so leicht, und es gibt dafür Spezialisten).

> *Do you want to have sex with me tonight?* = Willst du mit mir heute Abend Sex haben?
> *What is the sex of your infant child?* = Welches Geschlecht hat dein Neugeborenes?
> *What gender does „Tisch" have in German?* = Welches Geschlecht hat „Tisch" auf Deutsch?

1955 dann gab der neuseeländische Sexologe John Money *gender* eine neue Bedeutung, als er zwischen biologischem Geschlecht und Geschlechterverhalten unterschied: Fortan meinte *gender* nicht nur eine grammatikalische Kategorie, sondern das subjektive Geschlechtsempfinden: Habe ich weibliche Geschlechtsmerkmale, aber lasse meine Socken auf dem Boden im Bad liegen und pinkle im Stehen, ist mein *gender* vielleicht männlich.

Mit dem Siegeszug des Feminismus in den 1970ern wurde diese Bedeutung von *gender* zwar salonfähig, aber richtig populär wurde sie erst mit der *Woke*-Bewegung, und zwar als Nebenprodukt des Kampfes um Rechte und Anerkennung für Transmenschen.

Die Begriffe *transgender, transsexual, trans man, trans woman* und einfach *trans* haben sich mit der Zeit auch gewandelt. Das Wort *trans* stammt von *transsexual* – eine transsexuelle Person war jemand, der mit geschlechtsangleichenden Operationen und Hormonbehandlungen seine Geschlechtsmerkmale veränderte – zum Beispiel von männlich zu weiblich, (diesen Prozess nennt man heute übrigens *transitioning*). Heute benutzt man stattdessen eher transgender. Das ist deutlich weiter gefasst und meint einfach jemanden, der sich innerlich dem anderen Geschlecht zugehörig fühlt. Eine *trans-woman* kann demnach weibliche Hormone einnehmen und mehrere Geschlechts-OPs hinter sich haben, oder sie kann nichts davon machen. Es gilt allein, wie sie sich „identifiziert" (*identify*) – als *trans-woman* oder nicht.

Die enorme Popularität der Trans-Bewegung und der Genderdiskussion hat einiges mit Politik zu tun: In den USA, wo viele Menschen sich entweder als rechts oder links identifizieren, gibt es eine relativ begrenzte Anzahl von heißen Themen, über die man gern streitet, von Waffenrecht über Klimawandel bis hin zu Abtreibung. Da freut man sich riesig, wenn ein neuer Streitpunkt die politische Landschaft um ein weiteres Schlachtfeld erweitert, und so war das mit *trans rights* („Rechte für Transmenschen") und den neuen Gender-Begriffen. Heute kann man die politische Überzeugung eines Amerikaners anhand seiner Kommentare zu diesen Themen erkennen. Man ist links, wenn man *trans rights* und *gender identity* befürwortet, und rechts, wenn man diese Begriffe in Frage stellt.

Sobald in den USA ein Phänomen politisiert oder sonst irgendwie populär wird, brechen alle Dämme. Heute ist *gender* die kreativste und höchstwahrscheinlich größte Quelle der Neuschöpfungen in der Sprache, ähnlich wie *Computer*, *Internet* und *Social Media* es in früheren Jahren waren.

NON-BINARY

Ich identifiziere mich als ein Stück Kuchen

Manche behaupten, es gäbe bis zu 100 *gender*, einschließlich *genderqueer*, *gender-fluid*, *agender*, *gendervoid*, *omnigender*, *pangender* … Die meisten dieser Bezeichnungen suggerieren, dass man sich nicht in einer traditionellen männlichen oder weiblichen Rolle sieht.

Das Gender-Spiel nimmt zuweilen absurde Ausmaße an, und von Zeit zu Zeit taucht jemand im Internet auf, der sich gendermäßig als Anime-Figur (*animegender*), Wolf (*wolfgender*), Vampir (*vampiregender*), Katze (*catgender*) oder als der Mond (*lunagender*) identifiziert. Obwohl vermutlich kurzlebig, hat dieser Trend einen Namen: Xenogender – das sind Menschen, denen es nicht reicht, weder männlich noch weiblich zu sein, sondern sie identifizieren sich auch nicht mehr als Menschen.

Allerdings finden nur eine Handvoll neuer Gender-Bezeichnungen ihren Weg in das allgemeine Bewusstsein: *non-binary* (weder männlich noch weiblich), *gender fluid* (mal männlich, mal weiblich), *cisgender* (ein von dem deutschen Sexualwissenschaftler Volkmar Sigusch 1994 erfundener Begriff, der „heterosexuell" bedeutet und „sisgender" ausgesprochen wird) und natürlich *transgender*.

NEOPRONOUNS

Heißt es nun „Harry ist ..." oder „Harry sind ..."?

Das hat natürlich grammatische Folgen, und zwar für die Wörter, die das Gender eines Menschen auf männlich oder weiblich festlegen:

Wer sich weder als Frau noch als Mann identifiziert, will selbstverständlich nicht als „er" oder „sie" bezeichnet werden, und als „es" erst recht nicht. Die neuen Gender-Identitäten verändern nicht nur, wie man über sich selbst spricht, sondern wie Menschen übereinander sprechen. Und dafür reichen die Pronomen „er", „sie" und „es" einfach nicht aus: Es müssen neue Pronomen her – die *neopronouns*.

Neopronouns benutzt man, genau wie die traditionellen Pronomen „er", „sie" und „es", in der dritten Person, also nur, wenn man über andere Menschen spricht:

> „Harry und Suzi sind übrigens nicht mehr zusammen." –
> Er [Harry] hat sie [Suzi] verlassen.

Über andere Menschen spricht man in der dritten Person, wenn sie abwesend sind, aber auch schon mal, wenn sie anwesend sind.

Das kann zum Beispiel in einem Zoom-Meeting passieren, wo Harry und Suzi gemeinsam ihre Entscheidung, sich zu trennen, ihren engsten Freunden erklären – da kann Lisa, die beste Freundin von Suzi, die aber schon ewig ein Auge auf Harry geworfen hat, ihre Meinung in die Runde werfen, und sich dabei auf beide mit Pronomen beziehen:

> „Ich finde übrigens, dass Harry recht hat – sie [Suzi] hat ihn [Harry] betrogen, nicht er [Harry] sie [Suzi]."

Aber was sagt Lisa, wenn Harry sich nicht als Mann identifiziert, sondern als Frau? Da muss Lisa das entsprechende Pronomen verändern:

> „Ich finde übrigens, dass Harry recht hatte – sie [Suzi] hat sie [Harry] betrogen, nicht sie [Harry] sie [Suzi]."

Das führt möglicherweise zu Verwirrung. Und was, wenn Harry sich nicht als Frau, sondern als *non-binary* identifiziert? Da treffen weder „er" noch „sie" zu.

Weil es in der englischen Sprache nicht genug Pronomen für die derzeitigen Gender gibt (im Deutschen übrigens auch nicht), zumindest keine in der Einzahl, bedient man sich der Mehrzahl: Statt *he/him* oder *she/her* sagt man dann *they* und *them*.

Man spricht also über eine Einzelperson unter Verwendung eines Mehrzahl-Pronomens. Das hört sich dann so an:

> "Harry is non-binary now – they [Harry] *want to be referred to as they/them* [Harry]."

Man merke: Man nehme nicht nur das Mehrzahl-Pronomen, sondern auch das Mehrzahl-Verb: Es heißt *Harry wants*, aber *they want*.

Über einen einzelnen Menschen mit *they/them* zu sprechen, als ob er zwei Personen ist, mag verrückt klingen, aber es hat sich durchgesetzt, zumindest für den Moment. Schlägt man zum Beispiel in der New York Times oder im englischsprachigen Wikipedia-Artikel über den englischen Sänger Sam Smith nach, findet man solche Sätze:

> „*Every day I'm trying not to hate myself,"* they [Sam Smith] *sing* [Mehrzahl] ...

They/them ist bei weitem nicht das einzige *neopronoun*, das es gibt, aber es ist das verbreitetste und populärste. Es wird sehr oft von non-binären Menschen benutzt, aber nicht nur. Es gibt kein klar festgelegtes *neopronoun* für jedes *neogender* – der *gender non-conformative* Mensch entscheidet frei, welches Pronomen er möchte.

THEY/THEM

Muss ich jetzt Englisch neu lernen?

Wenn Sie nun bei Ihrem nächsten USA-Urlaub aus lauter Angst, irgendjemanden ungewollt zu beleidigen, gar kein Wort mehr über die Lippen bringen, will ich Sie sofort beruhigen. Außerhalb bestimmter Universitäten und der Medien, die das Thema gern diskutieren, wird, wie man im Deutschen so schön sagt, nichts so heiß gegessen, wie es gekocht wird.

Woke-Sprache ist ein wenig wie Veganismus: Es ist schick, Mandelmilch im Kühlschrank zu haben oder im Café einen veganen Kuchen zu genießen, aber die ganze Ernährung umstellen – das geht den meisten zu weit.

Die New York Times hat zusammen mit der Pew Research Group bei einer Umfrage festgestellt, dass die Mehrheit der Amerikaner nicht einig darüber sind, was rassistisch ist und was nicht. Das Erstaunlichste an der Umfrage aber war, wie wenige Menschen gängige *Woke*-Begriffe im Alltag verwenden.

Wer für sich *they/them* oder ein anderes *neopronoun* benutzt, das nicht aus dem äußeren Erscheinungsbild hervorgeht, trägt selbst die Verantwortung, darauf hinzuweisen. Da hört man:

My pronouns are they/them (oder *she/her* oder *he/him*)

Manche Firmen sind inzwischen dazu übergegangen, ihre Beschäftigten die Pronomen, mit denen sie angesprochen werden wollen, ganz offiziell hinter ihre Namen setzen zu lassen. Die Branchen, bei denen man am ehesten *neopronouns* antrifft, sind Universitäten (dort vor allem die geisteswissenschaftlichen Fakultäten) und Wirtschaftszweige, die ihr Personal aus den geisteswissenschaftlichen Bereichen der Unis ziehen – zum Beispiel Medien und (linke) Politik. Und natürlich Firmen, die gezielt mit einem ausdrücklich linken oder LGBT-Publikum zu tun haben.

Mein Tipp: Bevor man sich mit einem Mitarbeiter einer unbekannten US-Firma trifft, sollte man auf die Team-Seite ihrer Website schauen. Wenn für sie *pronouns* aktuell wichtig sind, setzen sie sie in Klammern unter ihr Foto oder neben ihren Profiltext: Kim (*they/them*) etc. Bei einer kurzen Recherche im Internet habe ich allerdings wenige Firmen gefunden, deren Mitarbeiter sich mit *pronouns* identifizieren, und mein Eindruck ist: Je größer die Firma, und je weiter oben man in der Karriereleiter steht, desto weniger verkompliziert man den Umgang durch kontra-intuitive Pronomen.

Dennoch kann es zu Begegnungen kommen, in denen Pronomen wie *they/them* erwünscht sind, aber man ist unsicher, ob man sie korrekt auf Englisch einsetzen kann. In diesem Fall empfehle ich einen Trick: Umgehen Sie das Problem, indem Sie gar kein Pronomen benutzen – sondern stattdessen immer nur den Namen nennen. Beispiel:

Bei einem Dinner auf einer schicken Ostküsten-Uni begegnen Sie Joe. Er spricht mit Ihnen über seinen Kumpel Harry, der für sich *they/them*-Pronomen benutzt. Joe erwartet von Ihnen, dass Sie Harrys preferred *pronouns* benutzen, wenn Sie ihn erwähnen, obwohl Harry nicht anwesend ist (Pronomen werden ja immer benutzt, wenn man über jemanden spricht – redet man direkt mit Harry, sagt man weder *they* noch *them*, sondern ganz normal *you*). Doch weil *they/them* Plural ist und Harry Einzahl, haben Sie die berechtigte Angst, dass Sie sich in der Grammatik verheddern. Die Lösung: weder *they/them* noch *he/him* sagen, sondern einfach „Harry":

> Joe: *Do you know my friend Harry?*
> Sie: *Yes, I know Harry.*
> Joe: *What do you think of them?*
> Sie: *I think Harry is fun.*
> Joe: *Did they invite you to their party?*
> Sie: *Yes, Harry invited me to Harry's party – I'm looking forward to having a good time with Harry.*

Immer wieder den Namen zu wiederholen, wo ein „er" oder „sie" besser passt, kann ein wenig ermüdend sein, aber Sie sind nicht allein. Auch *woke* Amerikaner verheddern sich und haben sich diesen Trick gemerkt.

In einem Artikel der New York Times über Sam Smith zum Beispiel werden die Pronomen *they/them* nur dreimal eingesetzt – dafür wird der Name Smith übertriebenerweise 26-mal geschrieben.

Wer „sie" sagt, wo „er" oder gar ein seltenes *neopronoun* erwünscht war, tritt in ein Fettnäpfchen, das einen emotional geladenen Namen hat: *misgendering*. Von Social Media und aus manchen politischen Diskussionen zu urteilen, kann man mit *misgendering* schwer anecken. Aber auch hier gibt es gute Nachrichten: Wer sich auf Social Media anonym schwer beleidigt gibt, ist meist zahm, wenn man ihm im echten Leben begegnet. Das sind ja auch ganz normale Menschen, wie du und ich.

Hat man unversehens die Sünde des *misgendering* begangen, reicht es nach meiner Erfahrung völlig, sich zu entschuldigen. Niemand in der englischsprachigen Welt erwartet von jemandem, für den Englisch eine Fremdsprache ist, dass er eine so neue Sprachmode beherrscht. Sieht man, dass Sie sich Mühe geben, ist man zufrieden, ja, vermutlich fühlt man sich sogar anerkannt und geschmeichelt.

MR., MRS. AND MX.

Wie schreibt man *Dear Mr. Smith*, wenn Mr. Smith kein Mr. ist?

Doch zieht man an einen Faden der Sprache, reißt man manchmal mehr los, als man will. Die *Woke*-Sprache ändert nicht nur Pronomen, sondern hat auch auf Dinge Einfluss, die bis dahin selbstverständlich waren – zum Beispiel: Was schreibt man in Briefen und E-Mails nach Dear, wenn man nicht sicher ist, ob John Smith ein *Mr.*, eine *Ms.* oder gar eine *Mrs.* ist? Da werden Sie sich freuen, zu erfahren, dass man auch dafür eine Lösung hat:

> *Mx.*

Mx. ist eine genderneutrale Anrede, die als Lösung für nichtbinäre Menschen ausgedacht wurde, aber die man gleichermaßen auf alle – Männer, Frauen und alles dazwischen – anwenden kann. Weiß man nicht, ob *„Dylan"* Mr. Cook oder *Ms. Cook* ist, schreibt man *„Mx. Cook"* und macht keinen Fehler.

Allerdings ist das so leicht wiederum auch nicht, denn dieser neue Begriff setzt sich nur schwer durch – unter *woke* Menschen macht man sich damit beliebt, unter *anti-woke* Menschen kann man sich damit schnell lächerlich machen.

Aber keine Sorge – auch dafür habe ich einen Trick!

Aber zuerst lohnt es sich, kurz die gängigen Anreden durchzugehen, damit man weiß, was sonst zur Verfügung steht, denn für jede „Liebe Frau …" ihm Deutschen gibt es im Englischen aktuell vier Alternativen:

Dear Mrs. = Liebe Frau
Gemeint ist eine verheiratete oder ältere Frau. Der Begriff wird eher in nicht-geschäftlichen Situationen benutzt, z. B. unter Nachbarn.

Dear Miss = Liebes Fräulein
Gemeint ist die unverheiratete oder junge Frau. Ähnlich wie im Deutschen wird *Miss* kaum mehr benutzt, keinesfalls mit erwachsenen Frauen oder im professionellen Umfeld, wo es als sexistische Herabsetzung verstanden wird.

Dear Ms. = Liebe Frau
Die professionelle Frau. In den 1970ern ist es aufgefallen, dass Männer immer nur *Mr.* heißen, ob verheiratet oder nicht, während man Frauen nach ihrem Ehestand sortiert – eben als *Miss* oder *Mrs.* Also suchte man einen Ehestand-neutralen Begriff und kam auf *Ms.* Dieses Wort (ausgesprochen *Mizz*) hat sich im Geschäftsleben durchgesetzt, aber *Mrs.* nie ganz verdrängen können – viele Frauen bestehen bewusst auf *Mrs.*, auch im Beruf. Allerdings fährt man immer sicherer, wenn man im geschäftlichen Umfeld *Ms.* verwendet.

Und nun eben kommt hinzu:

Dear Mx. = Lieber Herr, liebe Frau (ausgesprochen „*Mix*")
Und schon wieder sind es die Männer, die es sich leicht gemacht haben, denn in all den Jahren des Geschlechterkampfes hat sich an ihrer Anrede nichts geändert – nach wie vor heißt es einfach nur:

Dear Mr. = Lieber Herr

Mit so vielen Auswahlmöglichkeiten wird es auch uns Amerikanern manchmal zu bunt. Also haben wir uns still und heimlich einen Weg gesucht, um den ganzen Fettnäpfchen aus dem Weg zu gehen: Man benutzt keine Anrede – weder *Mrs.*, *Ms.*, *Mx.* noch *Mr.*, sondern schreibt einfach nur den Namen:

Dear Chris Cook,
Dear Alex Carmichael,
Dear Max Hammond,

Ehrlich gesagt ist diese Idee alles andere als neu, denn lange vor den Genderkriegen gab es schon das Problem, dass man das Geschlecht eines Menschen allein anhand des Vornamens nicht erkennen kann.

Vornamen wie Chris, Billie, Alex, Gene, Kelly, Max und viele mehr können männlich oder weiblich sein, man weiß es nicht – und wenn man kurz davor ist, am Anfang einer Mail *Dear...* zu tippen, wird man mitunter nervös.

Also ist es schon lange Usus, das *Mr.* und *Mrs.* wegzulassen und einfach nur zu schreiben:

Dear Kelly Smith,

Übrigens: Nach der Anrede schreibt man in Amerika meistens einen Doppelpunkt, in Großbritannien ein Komma.

BE: Dear Kelly Smith,
AE: Dear Kelly Smith:

POC

Darf ich noch „Indianer" sagen?

Doch die neuen *Woke*-Regeln betreffen nicht nur Gender, sondern auch ethnische Minderheiten – und zwar heute mehr denn je. Diese Regeln ändern sich schnell, aber auch hier kann man die Fallen vermeiden, wenn man sich ein paar einfache Regeln merkt. Von diesen ist die allerwichtigste, das N-Wort [*nigger, negro*] nie zu sagen, und die zweitwichtigste betrifft das Wort *color*:

Die Begriffe *colored people* und *people of color*, wenn man über Schwarze spricht, hören sich oberflächlich ähnlich an, aber darin steckt ein himmelweiter Unterschied:

Colored people bedeutet „Schwarze", kommt aber aus der Zeit der Rassentrennung und wirkt ähnlich beleidigend wie das N-Wort.

People of color bedeutet nicht nur Schwarze, sondern meint alle Nicht-Weißen und ist nicht beleidigend. Oft hört man die Abkürzung *POC* (ausgesprochen: Pea-Oh-Sea) und auch den verwandten Begriff BIPOC, der dazu ausdrücklich Schwarze und Indigene miteinschließt (*Black, Indigenous and People of Color*, ausgesprochen *Bai-Pock*).

Hier ist eine erweiterte Liste von Begriffen, die man benutzen oder nicht benutzen sollte:

Ja:

- *brown* (nur als Adjektiv; meinte ursprünglich Menschen aus Lateinamerika, heute entwickelt es sich immer mehr zu einem Sammelbegriff für alle Nicht-Weißen);
- *blacks* und *African Americans* (Schwarze)
- *Hispanics* und *Latinos* (Menschen mit lateinamerikanischen Wurzeln – männlich = *latino*, weiblich = *latina*);
- *Latinx* (als Substantiv und Adjektiv, genderneutrale Bezeichnung für *latinos*, ausgesprochen *Latin-Ex*. Der Begriff wird fast ausschließlich von Nicht-Latinos benutzt und hat sich noch nicht ganz durchgesetzt);
- *Asians* und *Asian Americans* (Menschen aus Asien, aber nicht Indien/Pakistan);
- *Indians* (Inder – Menschen aus Indien);
- *Native Americans* und *American Indians* (Kontinentalamerikas Ureinwohner – allerdings wackelt dieser Begriff, immer mehr Leute sagen wieder *Indians*);
- *Indigenous peoples* (alle indigenen Völker Amerikas, also auch die von Alaska und Hawaii);
- *First Nations* und *People of the First Nations* (die indigenen Völker Kanadas);

Nein:

- *Indians* (dieser Begriff, für die Ureinwohner Amerikas ist zwar wieder im Kommen, dennoch sollte man ihn vorsichtshalber vermeiden);
- *Afro-American* (Schwarze – dieser Begriff ist wieder out, *African-American* ist in).

THE GREAT PUMPKIN

Politik, Religion und der Große Kürbis

Doch die wichtigste aller Faustregeln ist:
   Ab und zu den Mund halten.

   Wer in der englischsprachigen Welt derzeit einen schönen Urlaub genießen oder ein wichtiges Geschäft abschließen will, tut gut daran, vorher im Spiegel höfliches Nicken und Lächeln einzuüben.

   Es gibt in der englischsprachigen Welt einen uralten und sehr weisen Spruch, der sich über die Jahre in verschiedenen Formen gehalten hat, aber am elegantesten im Jahr 1961 in dem Comic „Peanuts" formuliert wurde. Da sagt Linus:

> *There are three things I have learned never to discuss with people … religion, politics, and the Great Pumpkin.*
> = Es gibt drei Dinge, die ich gelernt habe, niemals mit Menschen zu diskutieren … Religion, Politik und den Großen Kürbis.

Ich kann ihm hier nur beipflichten. Ob auf einer Dinnerparty, im Konferenzraum oder auf Social Media –ich habe immer wieder schmerzhaft gelernt, dass die meisten Menschen sehr freundlich sind, bis man diese Grenze überschreitet.

   Und falls alles schiefgeht, empfehle ich meinen deutschen Freunden immer, die „Ausländer-Karte" zu spielen:

> *I'm sorry, I didn't mean to misgender anyone. English is my second language, I'm happy if I can just make myself understood.* = Tut mir leid, ich wollte niemanden falsch ansprechen. Englisch ist meine Zweitsprache, ich bin schon glücklich, wenn ich mich nur irgendwie verständlich machen kann.

Deutsche neigen dazu, hart mit sich ins Gericht zu gehen, wenn es um ihr Englisch geht, aber die Wahrheit ist, dass niemand in der englischsprachigen Welt von Nicht-Muttersprachlern erwartet, dass sie perfekt sprechen. Niemand würde es einem Deutschen übelnehmen, wenn er die neue Gender-Sprache nicht beherrscht – im Gegenteil, allein die Tatsache, dass man es probiert, werden die meisten sehr charmant finden.

AUTHORESS

Warum ich keine Gender-Sprache benutze

Es ist Ihnen vielleicht aufgefallen, dass ich in diesem Buch nicht gegendert habe – jedes Binnen-i und Gendersternchen habe ich vermieden. Es gibt einen Grund dafür, und dieser Grund zeigt, wie unterschiedlich die Diskussion um Gendersprache in der deutschen und englischsprachigen Welt läuft.

Wir im Englischen sagen gern, dass wir keine gegenderte Sprache haben – es stimmt nicht ganz: Ein paar ganz wenige Begriffe sind ähnlich wie im Deutschen nach männlich und weiblich einsortiert.

Zwar haben wir für *doctor*, *journalist*, *president*, *driver* und *babysitter* keine weiblichen Alternativen (auch eine Ärztin ist ein *doctor* etc.), doch dafür haben wir *author/authoress*, *actor/actress*, *policeman/policewoman*, *steward/stewardess* und *chairman/chairwoman*.

Doch wir haben eine andere Beziehung dazu als die Deutschen zu ihren Binnen-i-Endungen. Wir fragen uns, warum zwischen *poet* und *poetess* überhaupt unterschieden werden soll.

Mich hat vor allem die Diskussion aus Hollywood geprägt. In den 1970ern haben einige „weibliche Schauspieler" es abgelehnt, *actress* genannt zu werden. Es sei herablassend, sagten sie, weil eben *actor* die grammatikalische Norm ist, sei die

Abwandlung *actress* zwangsläufig eine Unterkategorie, ein „ferner liefen". Bei *actress* schwinge immer der Eindruck eines niedlichen Haustiers mit, das einen Trick gelernt hat – „Sie kann kochen, schön sieht sie aus – und sie kann auch schauspielern! Wie süß!"

Seitdem wird das Wort *actress* nur in Hollywood ausnahmsweise benutzt. Ob männlich oder weiblich, man ist *actor*. Die Oscarprämierung ist so ein Ausnahmefall. Dort werden männliche und weibliche Darsteller in getrennte Kategorien gesetzt, und es werden entsprechend separate Preise verliehen. So gibt es zum Beispiel den *Award for Best Actress.* (Unterschiedliche Kategorien für „bester Regisseur" und „beste Regisseurin" gibt es nicht.)

Es ist natürlich nicht nur Hollywood, das dieses Problem hat. *Policeman* und *fireman* liest man heute kaum noch, sondern *police officer* und *fire fighter*, und statt *steward/stewardess* sagt man lieber *flight attendant*. Ein weiblicher *chairman* (Vorsitzender) ist entweder eine *chairwoman* oder man verwendet den geschlechtsneutralen Begriff *chairperson*.

Und dann gibt es den männlichen Begriff „der Mensch".

Im Englischen wie im Deutschen ist „der Mensch" männlich – im Englischen steckt in *human* und *mankind* (Menschheit) das Wörtchen *man* drin.

Bei Feministen stößt das auf Unbehagen, doch alle Versuche, Alternativen dafür zu finden, blieben bisher ohne Erfolg. Zwar benutzen manche Menschen gern *humankind* statt *mankind*, aber auch in *humankind* steckt noch *man* drin. Naja, selbst in *woman* steckt *man* drin – das ist ein unlösbares Problem. (Auch die Deutschen können das Problem offenbar nicht lösen – ich habe mich immer gefragt, warum man noch „der Mensch" sagt und nicht längst „der Mensch" und „die Menschin").

Ab und zu habe ich sogar bei Deutschen eine ähnliche Diskussion mitbekommen – zum Beispiel unter Kollegen.

Im Deutschen ist ja „Autor" bzw. „Schriftsteller" das Hauptwort, und „Autorin" bzw. „Schriftstellerin" sind nur Ableitungen. Also ist „Autor" die Hauptkategorie und „Autorin" ist nachfolgend. Eine solche Kategorisierung in männlich und weiblich ist sinnvoll in manchen Bereichen, z. B. bei Preisen für den besten Schauspieler und die beste Schauspielerin, oder eben in manchen Sportarten, wo es unfair wäre, Sportler gegen Sportlerinnen konkurrieren zu lassen. Aber in der Schriftstellerei gibt es dafür keinen Grund. Wenn ich das deutsche Wort „Autorin" höre, schwingt bei mir immer der Eindruck „ferner liefen" mit.

Daher vermeide ich, so gut es geht, auf Deutsch die Gendersprache.

Aber vielleicht ist das nur der englische Muttersprachler in mir.

Lust, Fantasien, gestohlene Toiletten und andere **Fettnäpfchen**

Wie erkennt man einen Deutschen im Ausland?

Ganz einfach. Sagen wir, Sie begegnen irgendwo auf der Welt, zum Beispiel in Hawaii, einer bunt zusammengewürfelten Gruppe von Touristen. Alle können sich auf Englisch verständlich machen. Falls Sie wissen wollen, ob Deutsche darunter sind, sprechen Sie die Touristen einfach auf Englisch an und achten Sie darauf, wie sie reagieren: Diejenigen, die nicht aus Deutschland kommen, werden zwar etwas holprig antworten, doch das kümmert sie nicht weiter, sie radebrechen sich munter durchs Gespräch.

Die Deutschen werden ebenfalls auf Englisch antworten – allerdings mit zwei Unterschieden: Sie sprechen es meist ausgezeichnet und der zweite Satz heißt immer *„Excuse me please, I speak very bad English"*.

Na bitte: ein Deutscher.

Ich lebe jetzt seit 25 Jahren in Deutschland, und noch nie habe ich mit einem Deutschen ein Gespräch in meiner Muttersprache geführt, ohne dass er sich gleich eingangs für sein schlechtes Englisch entschuldigt hätte. Für andere Wissenslücken gilt das nicht. Kein Deutscher entschuldigt sich dafür, dass er den ersten Hauptsatz der Thermodynamik nicht beherrscht. Aber für sein Englisch ...

Ich kann mir das nur so erklären: Alle Deutschen hatten in der Schule die penibelsten, gemeinsten, haarspalterischsten Englischlehrer der Welt und müssen von ihnen regelrecht traumatisiert worden sein. Noch Jahre später können sie nicht mal an ein angelsächsisches Wort denken, ohne dass ihnen der kalte Schweiß ausbricht. Denn eine Entschuldigung ist alles andere als angebracht. Deutsche sprechen unsere Sprache meist erstaunlich flüssig. Wir Typen aus der englischsprachigen Ecke der Welt machen uns ja kaum je die Mühe, eine andere Sprache zu lernen. Wenn dann einer daherkommt und problemlos in einer Fremdsprache kommuniziert, sind wir grundsätzlich erst mal von den Socken.

Deshalb ist es so gut wie unmöglich, sich bei uns aufgrund falscher Grammatik, unklarer Aussprache oder schlechter Wortwahl zu blamieren. Wir sind einfach nur froh, wenn wir Sie verstehen können, und achten gar nicht auf kleine Fehler. Sollten Sie also derartige Befürchtungen hegen, vergessen Sie die sofort wieder und sprechen Sie einfach drauflos, wie Ihnen der Schnabel gewachsen ist.

Ein paar Fettnäpfchen stehen natürlich auch in meiner Sprache immer bereit, doch sie haben weniger mit Grammatik als mit der Bedeutung der einzelnen Wörter zu tun – und sie lassen sich leicht vermeiden. Wenn Sie wissen wollen, was „Willkommen" wirklich bedeutet, wie Sie eine Toilette erkennen, wann Ihre Fantasie möglicherweise zu schmutzig wird oder wie Sie einen Freund von einem Serienmörder unterscheiden, dann lesen Sie weiter.

Ich heiße Sie „bitte schön"

Meine deutsche Freundin Charlotte war ganz schön aufgeregt, als sie das erste Mal mit mir nach Amerika flog, um unter anderem meine Eltern kennenzulernen. Sie können sich bestimmt vorstellen, wie nervös sie war – aber meine zuvorkommende Mutter tat ihr Bestes, Charlotte freundlich aufzunehmen. Vielleicht war sie auch zu zuvorkommend.

Schon am Flughafen begrüßte sie Charlotte mit den Worten: „*Welcome to Hawaii!*" (Willkommen in Hawaii!)

Beim Abendessen fiel das Wort erneut. Charlotte bedankte sich höflich für den Truthahnbraten sowie das Maisbrot, und meine Mutter erwiderte freundlich: „*You're welcome!*"

Am Frühstückstisch bei French Toast mit Ahornsirup ging es weiter: „*You're welcome!*"

Und dann wieder, als mein Vater uns zu den örtlichen Sehenswürdigkeiten kutschierte: „*You're welcome!*"

Langsam wurde es Charlotte unheimlich. War diese Familie gar nicht so freundlich, wie sie tat? Wieso mussten sie ihr immer wieder bestätigen, dass sie in Hawaii willkommen war? Hatten sie vor, sie hier festzuhalten? Willkommen in Amerika – hier kommst du nie wieder raus!

Der Albtraum riss nicht ab: Vier- oder fünfmal täglich wurde sie willkommen geheißen. Sie schlief schlecht, zuckte zusammen, wenn sie meine Eltern sah, wehrte jeden Gefallen ab und musste sich schließlich mit Migräne im dunklen Zimmer hinlegen – während wir anderen draußen in der Sonne grillten. Als sie sich dann für das Aspirin bedankte und meine Mutter erneut beteuerte „*You're welcome*", flippte Charlotte aus. „Was habt ihr nur gegen mich", schrie sie meine Mutter an, „wollt ihr mich fertigmachen? Wollt ihr, dass ich wieder gehe?" Ich lief ins Haus, und sie brüllte mich an: „Was hast du nur für Eltern!" Meine Mutter blickte mich besorgt an und machte das Zeichen für einen Sonnenstich. Es bedurfte einiger Nachfragen, um herauszubekommen, was hier eigentlich vor sich ging. Der armen Charlotte standen die Tränen in den Augen, als sie meinte: „Kein Mensch sagt dir fünfmal täglich, dass du bei ihnen willkommen bist, es sei denn, sie wollen dich verrückt machen oder vertreiben!"

Dass ich daraufhin in schallendes Gelächter ausbrach, machte ihre Wut nicht unbedingt kleiner. Als ich ihr dann allerdings erklärte, warum, lachte sie lauter als ich.

Auf Englisch bedeutet *Welcome to America* „willkommen in Amerika", das stimmt. Doch die schlichte, omnipräsente Floskel *you're welcome* wird ganz einfach mit „bitte schön" übersetzt. Wenn Sie sich im Englischen für etwas bedanken, hören Sie daraufhin nicht *please* (bitte), sondern *you're welcome*. Viele Deutsche erwarten *please*, doch dieses Wort benutzen wir in einem anderen Zusammenhang. Weil es „bitte" heißt, verwenden wir es immer nur ... na ja, bei einer Bitte eben:

> *Would you please pass the sauce?* = Könntest du mir bitte die Soße reichen?

Selbst ironisch kommt *please* zum Einsatz:

> *Would you please shut up?* = Würdest du bitte endlich die Klappe halten?

Ich konnte Charlottes Verstörung lebhaft nachfühlen. Genau wie es ihr mit dem englischen „Bitte" erging, war es mir mit dem deutschen „Danke" ergangen. Lange bevor wir nach Amerika reisten, saß ich mehrmals mit ihren Eltern um den Esstisch und musste stundenlang das deutsche „Danke" ertragen.

Ich gehöre nämlich zu dieser Sorte Mensch: Wenn ich Hunger habe, dann habe ich Hunger. Also freute ich mich, als ihre Eltern mir Nachschlag anboten: „Das letzte Stück Sauerbraten?" Oh ja, das käme gerade recht, dachte ich, und bedankte mich gleich herzlich, wie ein höflicher Amerikaner das tut: „Danke!"

Ein wenig irritiert war ich schon, als das letzte Stück Sauerbraten auf dem Teller des Hausherrn landete und von dort aus prompt verschwand. Mein Hunger wuchs weiter, bis mir beim Dessert endlich das letzte Stück Zwetschgenkuchen mit Schlagsahne offeriert wurde. Ich bedankte mich erfreut, allerdings wurde es mir erneut wortlos entzogen und dem Hausherrn gegeben.

Erst mitten in der Nacht – meine Freundin rüttelte mich wach, weil mein Magen so laut knurrte, dass sie nicht einschlafen konnte – wurde mir erklärt, was es mit „danke" an einem deutschen Esstisch auf sich hat. Es bedeutet nicht wie in Amerika: „Das ist ein tolles Angebot, ich nehme es gerne an und bedanke mich dafür", sondern „nein, danke".

DEAR

Mein Kumpel, mein Schatz

Der charmanteste Fehler, den mein alter Kumpel Jochen jemals gemacht hat – und zwar immer wieder –, war, mich „mein Lieber" zu nennen. Das heißt, er glaubte, „mein Lieber" zu sagen. Eigentlich sagte er jedoch etwas ganz anderes, denn er übersetzte diese Worte einfach ins Englische mit *my dear*.

Das erste Mal, als das passierte, saßen wir in einer Kneipe bei einem Bier. Wir unterhielten uns auf Englisch, und es wurde spät. Irgendwann meinte Jochen: *„My dear, it's time to go."* Ein leichter Schock durchfuhr mich. War Jochen schwul? Wieso nannte er mich plötzlich „mein Schatz"?

Was er eigentlich sagen wollte, war so was wie *my friend* oder auch einfach *buddy* (Kumpel). Oder gar, wie ältere Herren in England einmal zu sagen pflegten: *old boy* – das geht ebenfalls, dann aber bitte nur mit einer Pfeife im Mundwinkel und einer guten Prise Ironie.

Ich bin mir sicher, als eingefleischter Macho hätte mein guter Freund sich dafür geschämt, hätte er gewusst, was er da in Wirklichkeit sagte. Ich fand es aber irgendwie süß. Also habe ich ihn nie darauf hingewiesen.

FRIEND

Der feine Unterschied zwischen einem Freund und einem Serienmörder

Armer Jochen. Es gibt Deutsche, die in ihrem Umgang mit Amerikanern einfach kein Glück haben, obwohl sie Amerika doch so lieben – und Jochen gehört dazu. Er kann zum Beispiel nicht verstehen, dass wir Amerikaner eine andere Auffassung von Freundschaft haben als die Deutschen. Das geht ihm einfach nicht in den Kopf. Mit erkennbarer Entrüstung erzählte er mir einmal von seiner ersten Reise in die USA und einer denkwürdigen Begegnung im dortigen Supermarkt:

„Da war ein ganz cooler Typ, er suchte das Bierregal und ich auch. Er spielte in einer berühmten Band, von der ich noch nie was gehört hatte, und er war ganz offen und freundlich – wirklich erfrischend, nicht wie hier in Deutschland. Wir nannten uns sofort beim Vornamen, als ob das das Normalste auf der Welt wäre. Er wohne in so einer Villa mit einigen Kumpels, und die Mädels kämen und gingen da – der reine Wahnsinn. Er meinte, ich solle mal vorbeikommen, das Haus sei groß. Und er beschrieb mir sogar, wie ich es finde. Toll! Meine Amerikareise wurde zum Abenteuer – wie im Kino. Mein Hotel war sowieso viel zu teuer. Also checkte ich aus, stieg mit meinem ganzen Gepäck in ein Taxi und fuhr zu ihm. Als er aber an die Tür kam, du wirst es nicht glauben, erkannte er mich gar nicht mehr. Er wusste nicht mal mehr meinen Namen! Dabei hat er gesagt, wir wären Freunde!"

Möglicherweise handelt es sich um ein sprachliches Problem. Während in Deutschland das Wort „Freund" ganz einfach „Freund" bedeutet, hat das Wort *friend* in Amerika neben „Freund" auch andere Bedeutungen: zum Beispiel „Bekanntschaft", zuweilen sogar „Fremder, dessen Namen ich zwar vergessen habe, der aber ganz nett ist, denke ich". „Aber wie erkenne ich, was gemeint ist?", fragen Sie zu Recht. Das kommt natürlich auf die Situation an. Hier ein kleiner Hinweis: Wenn Sie Ihren neuen *friend* im Supermarkt kennenlernen und er lädt Sie gleich zu sich nach Hause ein, bedeutet in diesem Fall *friend* nicht „Freund", sondern eher „Angeber", möglicherweise „Spinner" oder, wenn Sie echt Pech haben, „Serienmörder".

Die Wahrheit ist, wir wenden den Begriff *friend* auf Hinz und Kunz an – aus Rücksicht auf Hinz' und Kunz' Gefühle. Alle wissen doch, es ist viel besser, ein Freund zu sein als eine Bekanntschaft. Ein Freund steht einfach höher in der Hierarchie, und Amerika ist, allen Gerüchten zum Trotz, voller versteckter Hierarchien. Über einen anderen Menschen klipp und klar zu sagen, er tauge nicht zum Freund, ist eine subtile Herabwürdigung: „Darf ich vorstellen? Jochen, eine Bekanntschaft von mir – er würde ja zu meinen Freunden gehören, aber es fehlt ihm ein gewisses Bewusstsein für die körperliche Hygiene, wie Sie sicherlich riechen können. Und dann gibt es noch diese hartnäckigen Gerüchte um bizarre Hobbys, denen er angeblich in seinem Keller nachgeht. Sonst ist er aber super!"

Wer will so was über sich hören? Wer will so was über einen anderen Menschen sagen? Also ist jeder im Land der Gleichheit erst mal ein *friend*. Später, nach vielen Jahren des Kennenlernens, kann er immer noch herabgestuft werden. Und wird er herabgestuft, dann kommt eine ganze Reihe von Begriffen in Betracht:

A friend of mine ist einer von vielen und sticht nur bedingt aus der Masse der sonstigen Freunde heraus – es handelt sich also um eine „bessere Bekanntschaft".

An acquaintance (Bekanntschaft) hat nun wirklich gar keinen Wert – es handelt sich um eine sehr flüchtige Bekanntschaft, deren Namen man wahrscheinlich vergessen hat; manchmal sogar um jemanden, den man nicht unbedingt mag. Jemanden in dessen Anwesenheit als *acquaintance* zu bezeichnen, ist derart lieblos, dass Sie ihn eigentlich gleich *loser* nennen können.

Selbst das unentschlossene *a guy I know* oder gar das ganz distanzierte *a man I met* ist besser als eine *acquaintance*. „Ein Typ, den ich kenne" gehört zwar nicht zu den Freunden, sein Status ist ungewiss – er könnte sich aber noch zum *friend* hochmausern.

Co-worker oder *colleague* sind einerseits lieblos – man arbeitet zusammen, sonst nichts, möglicherweise kennt man sich nicht mal beim Namen –, andererseits zeugt es von Respekt gegenüber dem Kollegen. Im Übrigen neigen wir eher zu *co-worker*. Den Begriff *colleague* benutzen hauptsächlich Deutsche.

Buddy und *pal* sind besonders knifflig, weil sie – genau wie im Deutschen „Kamerad" oder „Kollege" – sowohl nett als auch distanziert gemeint sein können.

Wird man auf der Straße belästigt und will das unterbinden, sagt man:

> *Look, buddy, I'm giving you two seconds to get your beard out of my soup.* = Hör mal, Sportsfreund, du hast zwei Sekunden, deinen Bart aus meiner Suppe zu fischen.

Ein „Kumpel" kann aber auch ein alter Bekannter oder gar ein enger Freund sein:

> *Bartender, my pal here needs a beer.* = Barkeeper, mein Kumpel hier braucht ein Bier.
> *My pal needs a new kidney, and goddamnit I'm going to give him one.* = Mein Kumpel braucht eine neue Niere, und ich werde ihm verdammt noch mal eine geben.

Apropos Freunde: Alle wissen, dass ein „Freund", mit dem man Sex hat oder gar andere traumatische Unternehmungen wie eine Familie plant, auf Englisch kein *friend* ist, sondern ein *girlfriend* beziehungsweise ein *boyfriend*. Manchmal gibt es da trotzdem Missverständnisse.

Um die Sache klarzustellen – nämlich, dass man mit diesem attraktiven Typen da doch keinen Sex hat, Gott bewahre – schiebt man ein *just* davor:

> I hear you've been seeing Jerry a lot.
> Yes, but we're just friends.

Im Übrigen ist es nicht so, dass wir Amerikaner nicht wüssten, wie locker wir mit der Bezeichnung *friend* umgehen. Im Gegenteil. Manchmal machen wir uns über diesen dehnbaren Begriff selber lustig. Während *my best friend* ganz klar einen guten alten Freund bezeichnet, ist *my new best friend* immer ironisch gemeint:

> You'll never guess who my new best friend is: I just met this German guy in the supermarket who was very interested in how big my house is. I think he's staying at an expensive hotel and wants to save money.

TOILET

Wer hat die Toilette geklaut?

Erst als ich das nächste Mal alleine meine Eltern besuchte, erfuhr ich, was meine Mutter wirklich von Charlotte hielt:

„Ich mochte sie schon", insistierte meine Mutter. „Deine Freundin ist sehr nett und zuvorkommend. Ich hatte gar nichts an ihr auszusetzen. Wie kommst du nur darauf, dass ich dir meine wirkliche Meinung nicht sage?"

„Mom, ich kenne dich. Was hältst du wirklich von ihr?"

„Ich weiß nicht, was du meinst. Hilfreich und freundlich war sie auch noch."

„*Mom* ..."

„Na ja, manchmal hatte ich das Gefühl, nur manchmal ... dass sie irgendwie ein bisschen unfein sein könnte. Nicht ordinär, das nicht, aber fast ..."

„*Mom!* Wie kannst du das sagen? Inwiefern war sie ordinär?"

„Nicht direkt, nur ... na ja, gleich am ersten Tag hat sie mich unter vier Augen in der Küche gefragt, wo die Toilette sei."

Da war alles klar.

Es stimmt: Die Deutschen kommen in Amerika manchmal als leicht vulgär rüber. Nicht nur, weil ihr Humor etwas derber ist als unserer oder weil auf deutschen Plakaten ab und zu eine nackte Brust zu sehen ist oder gar weil die Deutschen in ihrer Art direkter sind – und mit direkter meine ich unhöflicher. Nein, eher weil sie gerne Ausdrücke wie *toilet* in der Öffentlichkeit benutzen. Was die Amerikaner und Engländer dabei nicht wissen: Es handelt sich um ein rein sprachliches Problem.

Viele Deutsche übersetzen die Frage: „Wo ist hier die Toilette?" mit „*Where's the toilet?*". Im Englischen gibt es darauf nur eine richtige Antwort: „Die Toilette ist da, wo sie hingehört, Dummchen. Im Badezimmer natürlich."

Bei uns ist die „Toilette" nämlich kein Zimmer, sondern eine Porzellanschüssel. In Amerika und in den meisten englischsprachigen Kulturen (in manchen Teilen von England benutzt man *toilet* wie die Deutschen) sucht man nicht die Porzellanschüssel selbst, sondern den Ort, in dem sie sich befindet: den *bathroom* oder *restroom*.

Zwischen *bathroom* und *restroom* gibt es nur einen unmerklichen Unterschied: Der *bathroom* wird vorwiegend zu Hause aufgesucht und der *restroom* eher an öffentlichen Orten.

Ist man nun im *bathroom* angelangt und stellt dort fest, dass die Toilette geklaut wurde, dann – und nur dann – darf man noch mal aus dem Raum herausstürmen und in die Runde fragen: „He! Wo ist die Toilette?"

Als ich von Charlotte später wissen wollte, warum sie meine Mutter nicht einfach nach dem *bathroom* gefragt hatte, erwiderte sie: „Aber ich wollte doch nicht duschen."

Erst dann fiel mir überhaupt auf, wie unlogisch die englische Sprache manchmal sein kann: Im Gegensatz zu den Deutschen können wir problemlos *bathroom* und *restroom* zu Räumen sagen, in denen weder gebadet noch ausgeruht wird. Andere Bezeichnungen sind noch sinnloser. Es ist nämlich nicht so, dass es keine anderen Wörter für Toilette im Englischen gibt. Ganz im Gegenteil: Wir haben sehr viele davon. Nur einer jungen Dame sei empfohlen, diese nicht in Anwesenheit der Mutter ihres neuen Freundes anzuwenden. Falls Sie aber neugierig sind und doch mal wissen möchten, was Sie alternativ alles sagen könnten, hier eine bescheidene Auswahl:

> *water closet, closet, W.C.* (Wird nur in England verwendet, Amerikaner kennen den Begriff nicht.)
> *loo* (England, häufig)
> *privy* (England, veraltet)
> *lavatory* (fast nur noch auf Flughäfen, sehr formal)
> *latrine* (nur beim Militär, oft draußen im Dschungel)
> *can, thunderbox, porcelain throne* und *john* (Slang)
> *powder room* (Ich brauche wohl nicht zu erwähnen, dass eine Dame solche Einrichtungen wie ein Klo von Haus aus nicht braucht. Aber die Nase pudern, das muss schon mal sein.)
> *facilities* (Amerika, sehr höflich; so fragt man nach einer Toilette, wenn man zu Gast in einem fremden Haus ist und extra höflich sein will.)
> *outhouse* (Plumpsklo, weil es draußen ist)

Und hier mein persönlicher Lieblingsbegriff: *I've got to see a man about a horse.* Man entschuldigt sich, weil man ein dringendes Gespräch mit einem Mann über ein Pferd führen muss. Nur was für echte Cowboys.

Die fantastische Vorstellungskraft

Ebenso irritierend wie das unerwartete Verlangen nach Porzellanschüsseln ist es, wenn Deutsche ohne Vorwarnung öffentlich über ihre sexuellen Vorlieben reden.

Ich schrieb hin und wieder Artikel für eine deutsche Kulturzeitschrift, die man „klein, aber fein" nennt. Und dort sprach man mich in Redaktionssitzungen gern auf Englisch an. Das passiert jedem englischen Muttersprachler in Deutschland ständig: Alle wissen, wir können Deutsch; trotzdem, sobald sie uns nur ansehen, fluten ihnen ungefragt englische Wörter in den Kopf, und die müssen sie einfach loswerden. So kam es, dass diese Redaktionssitzungen zwar auf Deutsch geführt wurden, mir aber immer, wenn ich etwas sagte, auf Englisch geantwortet wurde. Fragen Sie jeden englischen Muttersprachler, den Sie kennen, er wird Ihnen die gleiche Geschichte erzählen.

In einer dieser Sitzungen sprachen wir über die neuesten Trends im amerikanischen Film und Fernsehen: Elfen und Zwerge, Raumschiffe und Laserblaster, Teenies mit übersinnlichen Fähigkeiten. Das Publikum schien verrückt danach zu sein.

Da warf mir die Redakteurin Frau Bayer-Schnarrnhofer einen Blick zu, rollte mit den Augen und sagte: „Not me. I don't have that kind of fantasy."

Hoppla.

Ich schaute mir die Dame etwas genauer an. Frau Bayer-Schnarrnhofer war schon etwas älter, aber durchaus apart, auf ihre direkte Art sympathisch und – nach ihrem modischen Outfit zu urteilen – vermutlich sogar sexuell aktiv. Was für ein Zufall: Ich bin ein Mann, den nach ein oder zwei Gläsern Wein ein gewisser Altersunterschied überhaupt nicht stört. Erschwerend kam hinzu, dass Charlotte schon seit einer Woche bei ihrer Mutter in einer entfernten Stadt weilte.

Nun hatte Frau Bayer-Schnarrnhofer das Thema gekonnt auf ihre ganz persönlichen sexuellen Fantasien gelenkt. War das ein Angebot?

„What kind of fantasies do you have?", fragte ich ebenso gewieft. *„Are they fantasies that involve elves, dwarves and American journalists?"*

Sie runzelte verwirrt die Stirn und erwiderte zögernd: „Vielleicht sollten wir das Thema wechseln, Herr Hansen."

Danach wurde ich nie wieder von der Dame gebeten, irgendwas für ihre Zeitung zu schreiben. Doch das Schlimmste ist, wann immer ich in einen Fantasy-Film gehe, üben ältere Damen, die nach dem Kino zufällig meinen Weg kreuzen, aus irgendeinem mir schleierhaften Grund eine ganz besondere Faszination auf mich aus.

Noch lange habe ich mich gefragt, was ich falsch gemacht habe. Inzwischen weiß ich wenigstens, was sie falsch gemacht hat: Das deutsche Wort „Fantasie" im Sinne von „Vorstellungsvermögen" heißt auf Englisch nicht *fantasy*.

Die aparte Frau Bayer-Schnarrnhofer wollte offenbar nur sagen, dass ihre Fantasie oder Vorstellungskraft gewisse Grenzen hätte und Raumschiffe jenseits davon lägen. Diese Art von Vorstellungskraft nennen wir auf Englisch aber anders: *imagination* – die kennen Sie noch aus dem Song „Imagine" von John Lennon:

> *„Imagine all the people*
> *Living for today ..."*
> (Stell dir all die Menschen vor,
> wie sie im Hier und Jetzt leben ...)

Imagination ist also das Vermögen, sich etwas vorzustellen – und das kann positiv oder auch negativ sein:

> Ein Kind, das sich immer vor den Monstern unter dem Bett fürchtet, hat zu viel Fantasie. = *He has too much imagination.*

> Wer sich hysterisch in eine völlig unrealistische Angst oder in eine Vorstellung hineinsteigert, lässt sich von seiner Fantasie leiten. = *His imagination is running away with him.*

Imagination ist nicht nur die Fähigkeit zu träumen. Sie ist auch eine wichtige und begehrte intellektuelle Fähigkeit, die von Kreativen, Wissenschaftlern, Managern und Politikern gefordert wird. Wer ein Problem klären muss, für das es keine herkömmliche Lösung gibt, braucht Vorstellungskraft. Wenn ein Manager immer das Gleiche tut, obwohl die Situation etwas Neues verlangt, sagt man: *He doesn't have much imagination.*

Als Kaiser Wilhelm II. erklärte: „Ich glaube an das Pferd. Das Automobil ist eine vorübergehende Modeerscheinung", möchte ich wetten, dass ein, zwei Londoner das folgendermaßen kommentierten: *These Germans need politicians with imagination.*

Und natürlich, wenn eine Frau meint: „Ich wüsste schon, was wir tun könnten, falls nichts im Kino läuft" und der Mann in gewohnt zackiger Manier antwortet: „Hä? Was denn?", muss sie an dieser Stelle unbedingt sagen: *Use your imagination.*

Eine *fantasy* auf Englisch hat dagegen zwar auch etwas mit Träumen zu tun, bezeichnet aber eine konkrete, fiktive Geschichte oder Szene. Bildet ein Mann sich ein, er sei bei den Frauen erfolgreicher, als die Frauen dies so erleben, heißt es: *He lives in a fantasy world.*

Zudem ist *fantasy* etwa seit den 1960ern eine anerkannte literarische Gattung: „Der Herr der Ringe", „Harry Potter" und „Conan" sind *fantasy novels* beziehungsweise *fantasy films*. Und der jüngste Trend bei allen Sportbegeisterten, die sich lieber theoretisch als praktisch austoben, heißt *fantasy baseball* oder *fantasy football*: Gruppen von Männern mittleren Alters stellen nur aus den statistischen Daten echter Sportler eine unsichtbare Mannschaft zusammen und lassen sie auf Papier oder im Internet gegen eine andere Fantasy-Mannschaft antreten.

Doch eine Bedeutung von *fantasy* gibt es, die alle anderen überragt: *the sexual fantasy*. Seit Sexualforscher in den 1960ern verstärkt über sexuelle Fantasien geschrieben haben, hat das Wort *fantasy* eine immer stärkere erotische Komponente bekommen. Sagen Sie irgendeinem appetitlichen Menschen einmal *I had a fantasy about you*, und Sie haben am nächsten Tag eventuell eine Anzeige wegen sexueller Belästigung auf dem Tisch. Oder auch ein sehr interessantes Angebot – je nachdem, wie aufgeschlossen dieser appetitliche Mensch ist. Das Risiko könnte es wert sein.

LUST

Haben Sie Lust?

Das schockierendste Wort, das ich jemals aus deutschem Munde hörte, wurde nicht von Charlotte, sondern von unserer schönen Nachbarin ausgesprochen. Es war: Lust.

Lassen Sie mich das näher erklären. Es handelt sich nicht allein um das Wort, sondern um die Umstände, unter denen meine schöne Nachbarin es äußerte. Ja, ja, ich weiß, das haben Sie sich jetzt schon gedacht.

Lust auf Englisch steht für Sexuelles, Dunkles, Anzügliches und Gefährliches. Es ist kein schmutziges Wort, aber eines, das Respekt verlangt. Wir haben vielleicht kein Problem, in jedem Satz dreimal das Wort *fucking* zu benutzen, aber *lust* – das geht nun wirklich unter die Gürtellinie.

Nicht so in Deutschland, scheint es. Zwar gibt es im Deutschen noch „lüstern", „Lüstling" und gar „Lustmord", aber diese Wörter haben so viel Einschüchterungspotenzial wie eine Keule aus Vanillepudding.

„Die Lust am Töten hat ihn zum Serienmörder gemacht" schreibt der zum Melodram neigende Krimiautor.

„Oh Baby, ich habe Lust auf dich", sagt die Telefonsexmitarbeiterin zum Kunden, „wie heißt du noch mal?"

Und meine Nachbarin?

Meine Charlotte war noch immer zu Besuch bei ihrer Mutter, und ich begann langsam ihre Abwesenheit zu bemerken, als ich eines Tages in das Treppenhaus trat und sie sah. Ich muss an dieser Stelle eine Lanze für meine schöne Nachbarin brechen. Man meckert hierzulande gerne, dass die Deutschen kinderfeindlich seien und bald aussterben würden. Ich muss aber sagen, es gibt einige junge Deutsche, die ihr Bestes tun, diesem Umstand ein Ende zu bereiten – und dazu gehört meine schöne Nachbarin. Sie hatte schon in jungen Jahren begonnen, Kinder zu bekommen, und war nicht nur eine fröhliche, unbekümmerte Mutter, sondern besaß auch alle Vorzüge einer jungen, hübschen Frau. Und ich meine wirklich: alle.

An diesem Tag wollte ich gerade die Wohnung verlassen und sah sie direkt gegenüber in der Tür stehen – mit diesem sympathischen Lächeln, diesen blitzblauen Augen und dieser engen Jeans, die klarmachte, dass selbst alleinerziehende Mütter in ihrem Leben noch Spaß haben.

Gerade hatte sie sich zu ihrem weinenden Söhnchen gebückt, um ihm irgendwas Kindliches abzuwischen. Und ich muss sagen, sie bückte sich auf eine Art, die die Biegsamkeit ihrer schlanken Form ein für alle Mal bewies, und beim Trösten ihres reizenden Sohnes fragte sie ihn:

„Na, wie wäre es mit Eis? Hast du Lust?"

Ich lief rot an. Ich stammelte irgendwas, flüchtete wortlos wieder in die Wohnung und verließ sie auch nicht mehr. Den ganzen Tag lang konnte ich nur noch an eins denken: Eis. Im Gegensatz zu den Deutschen haben wir noch nicht vergessen, dass *lust* eine Todsünde ist.

Auf Englisch ist *lust* sexuell viel zu aufgeladen, als dass man es so lapidar verwenden könnte, wie man es hier tut. Wer Lust auf Eis hat, benutzt besser *like* oder *feel like*:

Ich habe Lust auf Eis. = *I feel like some ice cream.*
Ich habe Lust auf was Neues. = *I'd like to try something new.*

Selbst Luther war von dem deutschen Wort „Lust" offenbar so wenig beeindruckt, dass er ihm nicht die notwendige moralische Autorität zusprach, um in einer Bibelübersetzung (Lutherbibel 1912, Matthäus 5,28) vor Sünde zu warnen. Er sprach stattdessen von Begehren:

> „Ich aber sage euch: Wer ein Weib ansieht, ihrer zu begehren, der hat schon mit ihr die Ehe gebrochen in seinem Herzen."

Wir warnen dagegen vor der Lust (King James Version, Matthew 5,28):

> *„But I tell you that anyone who looks at a woman lustfully has already committed adultery with her in his heart."*

Und wie das immer so ist in der englischen Sprache, ein Wort mit so viel moralischer Bedeutung wird früher oder später selbst für Befürworter zur Zielscheibe des Spotts:

> *„He that but looketh on a plate of ham and eggs to lust after it hath already committed breakfast with it in his heart."*
> (C.S. Lewis, britischer Hobbytheologe und Autor von „Die Chroniken von Narnia")
> (Wer einen Teller mit Spiegeleiern und Speck auch nur ansieht, seiner zu begehren, der hat schon das Frühstück mit ihm vollzogen in seinem Herzen.)

Wer auf **Englisch** speisen will, muss auf **Französisch** ordern

Stellt man sich hierzulande amerikanische Spezialitäten vor, denkt man meist an Hamburger. Das macht nichts, denn wir Amis halten umgekehrt auch nicht viel von deutschem Essen: Für uns hört sich das alles an wie „Sss-haoerkraout". Subtile Genüsse wie die Uckermärker Leberwurst, den Rheinischen Sauerbraten, Kartoffelpuffer mit Apfelmus und die Streuselpuddingschnecke werden die meisten Amerikaner nie erleben.

Vielleicht hat das mit dem geheimen Gourmet-Monopol der Franzosen zu tun. Alles, was mit gutem Essen zu tun hat, stammt für uns aus Frankreich, höchstens noch aus Italien oder Spanien. Nicht nur das Essen, auch die Bezeichnungen dafür.

Das erklärt einige Missverständnisse. Das Wort „Menü" zum Beispiel ist von Frankreich sowohl nach Deutschland als auch nach Amerika ausgewandert und bedeutet in beiden Ländern heute jeweils etwas völlig anderes. Diese einseitige, nie erwiderte, ja wahrscheinlich nicht einmal bemerkte Liebe der englischsprachigen Welt zur französischen Küche bleibt nicht ohne Folgen – selbst für die Deutschen nicht.

KITCHEN

Herr Ober, da ist ein Koch in meiner Suppe!

Mein alter Freund Jochen hatte sehr schlechte Laune, nachdem er von seinem China-Aufenthalt zurückgekehrt war, wo er in einem Anflug von Karrierebewusstsein fast ein halbes Jahr für ein internationales Unternehmen gearbeitet hatte – bis er in Schimpf und Schande von seinem Schreibtisch verjagt wurde. Das störte ihn allerdings nicht weiter. Ihn störte, was er dort zu Essen bekommen hatte. Bevor er nach China gegangen war, hatte er chinesisches Essen nämlich gemocht. Jetzt nicht mehr.

"The Chinese kitchen is terrible" (Die chinesische Küche ist furchtbar), schimpfte er. *"It's nasty, it's fatty, it's full of terrible animals* (Sie ist scheußlich, fett, sie ist voll von fürchterlichen Tieren.). Schweineohren, Schweinekopf, Schweinemagen. *Have you ever eaten shark fin? It's like a mixture of foam and sponge* (Hast du jemals Haiflossen gegessen? Das ist wie eine Mischung aus Schaum und Schwamm.). *The Chinese kitchen is greasy,* schleimig, glitschig, glibberig, eine schreckliche, klebrige Masse. *If I never have to have Chinese kitchen again, I'll be happy. Don't talk to me about Chinese kitchen."* (Falls ich für immer kein chinesisches Essen mehr essen muss, wird es mich glücklich machen. Lass uns nicht mehr über die chinesische Küche reden.)

Während seines Lamentos stellte ich mir die chinesische Küche bildlich vor: Man geht durch die Tür und rutscht ständig aus, weil Fußboden, Wände und Decke voller Fett sind – Theken, Schränke sowie Öfen sind mit einer dicken Schaumschicht bedeckt und es regnet Schweineohren.

„Du bist doch selber schuld", konnte ich da nur sagen, „in einem chinesischen Restaurant geht doch kein Mensch in die Küche. Man bleibt am Tisch sitzen und isst, was der Kellner bringt. Warum musst du immer so neugierig sein?"

„Idiot!", fluchte er. „Ich spreche nicht von der ‚Küche', sondern ‚DER Küche'! Wie kann man nur so blöd sein?"

Ich hatte ihn tatsächlich falsch verstanden. Auf Englisch unterscheiden wir nämlich zwischen dem Raum, in dem gekocht wird, und einer bestimmten Art zu kochen. Damit diese beiden Dinge nicht durcheinandergeraten, greifen wir auf das französische Wort „cuisine" zurück:

> *kitchen* = ein Raum mit vielen Geräten wie Kühlschrank, Herd und Backofen
>
> *cuisine* = eine bestimmte Art, Essen zuzubereiten: *Italian cuisine* benutzt zum Beispiel viel Knoblauch, *French cuisine* viel Rotwein und *Chinese cuisine* viel Glibberzeugs

Wenn ich das recht bedenke, kommt die Mehrzahl der englischen Begriffe, die mit Essen zu tun haben, aus Frankreich:

> Abendessen = *dinner*
>
> Gaststätte mit Grill = *diner*
>
> dinieren = *to dine* (*dine* ist deutlich gehobener als *to eat* oder *to have dinner* – es ist sogar ein wenig versnobt)
>
> Alle drei Begriffe *dinner*, *diner* und *dine* stammen vom französischen Wort „diner".
>
> Kalbfleisch = *veal* (von „veau")
>
> Rindfleisch = *beef* (von „bœuf")
>
> Schnecke = *escargot* (von „escargot")
>
> *Escargot* isst man; das lebende Tierchen heißt *snail* (mit Haus) und *slug* (ohne Haus). Die Köche, die in London und New York irgendwann *escargot* auf die Karte setzten, wussten ganz genau, was sie taten: Hätten sie *snails* angeboten, hätten sie kein einziges von den Glibbertierchen verkauft.

Essig = *vinegar* (von „vinaigre")
Senf = *mustard* (von „moutarde")
Und viele mehr ...

Doch nur, weil wir immer nach Frankreich schielen, wenn es ums Essen geht, heißt das noch lange nicht, dass wir jedes dahergelaufene französische Wort nachplappern, bloß weil es französisch ist. Es gibt auch einige, die wir nie übernehmen würden: „pamplemousse" beispielsweise. Was ist das bitte schön für ein Wort? Das hört sich ja an wie eine Maus, die pampelt. Da ziehen wir *grapefruit* vor – „Traubenfrucht" ist doch viel logischer, oder etwa nicht?

„Champignons" – da war doch dieses Lied: *„We are the Champignons, my friend!"* Nein, wir bleiben lieber bei *mushrooms* – „Matschräume".

„Pommes frites" – dieser Begriff würde uns nur verwirren: Ist das Einzahl oder Mehrzahl? Wenn zwei „Pommes frites" zwei Cent kosten, was kostet ein „Pomm frit"? Nein, besser ist, wir behaupten einfach, das Zeug komme aus Frankreich, dann glaubt jeder, es sei exotisch und neumodisch und kauft es: *French fries.*

FULL

Ich bin so voll

Damals, als Charlotte und ich meine Eltern in Hawaii besuchten, bemerkte ich eine seltsame neue Gewohnheit an ihr, die ich ihr gleich auszutreiben versuchte. Als sie mit dem Essen fertig war, gab sie bekannt: *„That was good. I'm happy."*

Natürlich korrigierte ich sie höflich: „Es heißt *full. I'm full."*

Charlotte zuckte nur mit den Schultern, und ein paar Tage später hieß es dann: *„I'm finished."*

„So sagen wir das nicht", informierte ich sie abermals höflich, „wir sagen *full*, wenn wir satt sind."

Sie zuckte ebenso höflich mit den Schultern. Das ging immer weiter so – komisch, wie oft ein Mensch sich klaglos korrigieren lässt, ohne darauf zu reagieren –, bis ich sie eines Tages zur Rede stellte: „Warum", wollte ich wissen, „weigerst du dich bloß, *full* zu sagen?"

„*Full* ist so prollig", klagte sie. „Was für ein fürchterliches Wort! *I'm full!* Ich bin voll! Ich bin abgefüllt! Geht in Deckung, ich platze gleich! Das hört sich doch eklig an."

Ich versicherte ihr, dass das Wort *full* auf Englisch ganz normal und keineswegs eklig klinge. Im Gegenteil, wir benutzen das Wort *full* nicht einmal dann, wenn wir betrunken sind:

> *Man, I drank so much, I was wasted.* = Mann, ich hab so viel getrunken – was war ich voll.

Charlotte nickte freundlich und versicherte mir, dass sie alles verstanden habe. Wir übten es sogar ein paarmal zusammen: *I'm full. I'm full. I'm full.*

Und das nächste Mal, als wir bei meinen Eltern zu Abend aßen, sagte sie: „*That was delicious. My inner organs are working at maximum capacity and may soon cease to function. Is there any dessert?*" (Das war köstlich. Meine Verdauungsorgane arbeiten auf höchster Stufe und werden womöglich bald ihren Dienst einstellen. Gibt es noch einen Nachtisch?)

INVITE

Du bist eingeladen – zu zahlen

Jochen und ich lernten uns als Studenten in München kennen. Beide hatten wir eine Vorliebe für Biergärten. Und Bier. Das war unser Verhängnis. Denn als Student war ich öfters knapp bei

Kasse. Meist führte kein Weg daran vorbei: Ich musste abends einen Bogen um die Kneipe machen, nach Hause gehen und mir dann doch noch einen leckeren „Weißen Hai" genehmigen – einen eisgekühlten Cocktail eigener Erfindung, der nur aus Wasser und Eiswürfeln bestand.

Das war schon ärgerlich genug. Noch ärgerlicher war es, dass Jochen mich ausgerechnet an solchen Abenden gern mal auf ein Bier einlud, nett und verständnisvoll, wie er war.

„Come on, I invite you!"

„Ich muss wirklich nach Hause", wich ich aus, „ein andermal."

Wie oft mir das in meinen bargeldlosen Zeiten passiert ist, weiß ich nicht mehr genau, aber ich ärgere mich jedes Mal wieder, wenn ich heute daran denke. Erst viel später lernte ich nämlich, was „einladen" auf Deutsch bedeutet: Der gute Mann war bereit zu zahlen!

Das englische Wort für „einladen" lautet zwar ebenfalls *invite* - aber bei uns heißt es noch lange nicht, dass derjenige, der die Einladung ausspricht, auch zahlen muss.

Wenn es um eine *invitation* zum *dinner at my place* oder eine *party* oder womöglich gar um einen *reception* (Empfang) geht, dann versteht es sich wohl von selbst, dass man dort einen Happen umsonst bekommt. Handelt es sich aber um eine *invitation* ins Kino, ins Theater oder in die Kneipe um die Ecke, bedeutet es bloß: Komm doch mit.

Wer auf Englisch klarmachen will, dass er auch noch die Rechnung übernimmt, fügt eine weitere Information hinzu:

My treat. = Es geht auf meine Rechnung.

Merken Sie sich dieses Wort *treat*: Damit kann man einen armen amerikanischen Studenten sehr glücklich machen.

Es war eine der größten Freuden meiner Studentenzeit, als ich endlich kapierte, dass Jochens Einladung bedeutete, er würde auch zahlen - und bei nächster Gelegenheit nahm ich sofort an. Nach einem ausführlichen Gelage, bei dem wir es vom Bier zum

Schnaps geschafft und zwischendurch auch etwas Solides für den Magen bestellt hatten, holte er großzügig seine Brieftasche heraus, und zum ersten Mal hörte ich das schreckliche deutsche Wort: „Getrennt."

Als ich nach Luft schnappte, murmelte er bloß: „Habe ich gesagt, ich würde dich einladen? Tut mir leid, aber ich habe nichts mehr auf der Bank. Kannst du mir was leihen?"

Übrigens, dass Mann und Frau getrennt zahlen, wenn sie zusammen weggehen, ist vielleicht in Deutschland gang und gäbe, in Amerika oder England nicht. Wir haben dafür ein eigenes Wort:

> *Dutch treat* beziehungsweise *going Dutch* = Einladung auf Holländisch

Es stimmt schon, dass man auch in Holland den Brauch getrennter Rechnungen pflegt – allerdings nennt man es dort: *Amerikaans feest* (amerikanisches Fest). Und in der Türkei heißt diese Sitte: *Alman usulü ödemek* (zahlen auf die deutsche Art).

Vermutlich stammt der Spruch *Dutch treat* aus der Zeit der englisch-niederländischen Kriege im 17. und 18. Jahrhundert. Während dieser hässlichen Episode entstanden eine Menge hübscher Sprüche, die heute leider verlorengegangen sind. Im Interesse der guten englisch-holländischen Beziehungen will ich es an dieser Stelle nicht versäumen, die schönsten noch einmal aufleben zu lassen:

> *Dutch courage* (Mut auf Holländisch) = Gin
> *Dutch-bottomed* (Fassboden auf Holländisch) = leer
> *Dutch wife* (holländische Ehefrau) = Prostituierte beziehungsweise Sexpuppe
> *Double Dutch* (doppelt Holländisch) = wirres Zeugs

Bitte essen Sie nicht die Speisekarte!

Doch Jochen kam mir nicht ungeschoren davon. Die Gelegenheit ergab sich, als wir gemeinsam nach London fuhren. Schon am ersten Abend wollten wir ins Theater – in das berühmte, schon ewig laufende Stück „The Mousetrap" von Agatha Christie. Wir stellten uns an, um eine Eintrittskarte zu kaufen, und ich schob Jochen vor.

„*I want a card, please*", sagte er freundlich an der Ticketkasse.
„*I don't have any cards*", informierte uns der Ticketverkäufer ebenso freundlich.

„*But you are the card seller, yes? You must have cards.*"

„*Do I look like a magician? I don't have any cards. Do you want a ticket or not?*"

Jochen schaute mich fragend an, und ich flüsterte: „Ein Arschloch ist das – der versteht dich schon, er mag nur keine Deutschen. Setz dich durch!"

Der darauffolgende Streit, der rund 15 Minuten dauerte, war der reinste Spaß, das kann ich Ihnen sagen.

Eines Tages wollten wir unbedingt in eines dieser feinen Londoner Restaurants, die sich schlicht und volksnah geben, indem sie das Wort *grill* im Namen führen, zugleich aber so gepfefferte Preise verlangen, dass man gleich wieder kehrtmachen würde, wüsste man nicht: Nirgends auf der Welt bekommt man bessere Hamburger! Also bleibt man doch.

Ich dachte schon, Jochen hätte seine Lektion gelernt, aber seine Begeisterung für *cards* war ungebrochen. Kaum saßen wir im schicken Speisesaal, winkte er den Kellner heran und verlangte:

„*Please bring me your card.*"

„*My card?*", erwiderte der Kellner verdutzt. „*I don't have a card.*"

„*But you must have a card*", insistierte Jochen. „*How can I order without a card?*"

„*But you can order right now, right here, Sir. You don't have to call me on the phone.*"

Jochen schaute mich hilflos an. Ich rollte mit den Augen und flüsterte: „Arschloch."

„*I want to talk to the manager!*", verlangte Jochen.

Was Jochen nicht wusste, weil ich es ihm erst viel später im windigen Hyde Park bei einer Tüte *fish and chips* erklärte: Wenn Sie eine Fahrkarte für den Bus, die Bahn oder die *subway* kaufen wollen; wenn sie ins Kino, Konzert oder Theater gehen und eine Eintrittskarte brauchen, fragen Sie nicht nach einer *card*, sondern nach einem *ticket*.

Wer einen Kellner um eine Karte bittet, bringt ihn bloß durcheinander, da es in den USA und England eher unüblich ist, dass Kellner eigene „Visitenkarten" *(business cards)* mit sich herumtragen.

Wenn aber umgekehrt der Kellner Sie nach Ihrer *card* fragt, hat er jedes Recht dazu: Er meint damit Ihre *credit card* (Kreditkarte) oder *debit card* (Bankkarte beziehungsweise EC-Karte).

Im Casino, Zirkus oder Theater bedeutet *card* wieder etwas anderes: Fragen Sie den Croupier am *blackjack table* nach *cards*, wird ein neues *deck of playing cards* aufgemacht. Die gleichen *cards* benutzt auch ein Magier für seine Tricks, eine Wahrsagerin dagegen legt Ihnen die *tarot cards*.

Nachdem der Manager kopfschüttelnd wieder verschwunden war, ging es ans Bestellen – und das war das Unterhaltsamste von allem. Nachdem wir die Speisekarte studiert hatten, kehrte der Kellner zurück, und ich schlug dem etwas irritierten, unkonzentrierten Jochen auf Deutsch hilfsbereit vor: „Nimm doch das Menü. Das sieht gut aus."

„*I'll just have the menu*", sagte er zu dem Kellner etwas geistesabwesend.

„I'm sorry, Sir, you have to eat something if you're going to sit here", meinte der Kellner, der nur noch wenig Geduld hatte.

„Yes, I'll eat the menu. With a glass of wine."

Wenige Minuten später standen wir beide wieder auf der Straße, und ich muss sagen, das war es wert: Ich habe immer noch die Fotos von Jochens hochrotem Kopf, wie er immer wieder die Worte „Menu! I'll have the menu! Menu, menu, menu! And bring a card!" gegen die geschlossene Tür brüllte.

Auf Englisch bedeutet das Wort menu „Speisekarte". Es kann einen Kellner schon verstören, wenn ein Deutscher im Restaurant darauf besteht, die Speisekarte zu essen. Wenn ein Restaurant ein „Menü" zum Essen anbietet (also eine festgelegte Reihenfolge von Gerichten), dann haben wir dafür verschiedene andere Bezeichnungen:

Ein combo (combination meal) ist der üblichste Begriff in Amerika; manchmal werden die Gerichte hintereinander serviert, manchmal gleichzeitig.

Oft steht auf der Speisekarte auch einfach nur plate. Gemeint ist nicht bloß ein „Teller", sondern ein combination plate – eine Auswahl verschiedener Speisen, die oft auf einem Teller gebracht wird.

In England konkurriert combo mit set meal. Ganz deutlich ist ein 3-course meal, 4-course dinner oder gar 5-course banquet: Ein course ist ein Gang.

In höherpreisigen Restaurants begegnet einem gar das prix fixe. Und nicht nur das. Wenn Sie das Wort menu tatsächlich einmal nicht nur vorne auf der Speisekarte, sondern auch im Innenteil lesen, dann sollten Sie sich gut überlegen, was Sie jetzt tun. Der Begriff menu – im deutschen Sinne die „feste Reihenfolge von Gerichten" – ist für uns nämlich ein französisches Fremdwort und wird nur in Lokalen verwendet, in denen man die gesalzenen Preise mit einer besonderen Sprache rechtfertigen muss. Das legendäre „The Fat Duck" in Bray, unweit von London, bot beispielsweise schon ein menu mit 13 Gängen an, unter anderem mit *red cabbage gazpacho, jelly of quail, crayfish cream, snail porridge, salmon poached in liquorice* (Gazpacho vom Rot-kraut, Wachtel in Aspik, Creme vom Flusskrebs, Haferbrei mit Schnecken, in Lakritze gedünsteter Lachs) und zum Dessert *whisk(e)y wine gums* – für lächerliche 150 Pfund.

Oder kennen Sie ein Restaurant, wo Sie Schneckenbrei und Gummibärchen billiger kriegen?

Wie das **Leben** so spielt

Was ist der Sinn des Lebens? Ah, solche Fragen liebe ich! Sie sind ein willkommener Anlass, mich von den unwichtigeren abzulenken, die ansonsten mein Leben beherrschen: Wie zahle ich diesen Monat die Miete? Wie schafft es meine gewiefte Freundin nur immer, das Geschirrspülen auf mich abzuwälzen? Und wieso ist der Computer jetzt schon wieder abgestürzt?

Manchmal tut es einfach gut, sich stattdessen den großen Themen zu widmen, die zwar keine praktische Bedeutung für unser Leben haben, dafür weniger kosten als eine Kinokarte: Wahrheit, Liebe, Glück, der Kant'sche Imperativ ... Allerdings ist die Liste weltbewegender Themen erstaunlich kurz – das kann dann doch bald langweilig werden. Schaut man sich hingegen die Sprache mal genauer an, entdeckt man zahlreiche Begriffe, die es in sich haben, aber auf den ersten Blick zu harmlos wirken, um überhaupt aufzufallen.

Wörter wie „Spielen" nehmen wir nicht ernst – dabei ist „Spielen" ein interessantes Beispiel für Vielschichtigkeit. Ohne es zu merken, verbinden wir damit unglaublich viele Metaphern und Bilder, die über einen bloßen Zeitvertreib weit hinausgehen. Die englische Redewendung *Life is but a game* (Das Leben ist ein Spiel) etwa. Niemand sagt: „Das Leben ist eine gute Anstellung mit 30 Tagen Urlaub im Jahr und einer schönen Rente – und will man es endlich genießen, gehen die ganzen Ersparnisse für eine schmutzige Scheidung drauf." Nein, wir sagen dazu nur: Das Leben ist ein Spiel. An dem Spruch ist mehr dran, als wir zugeben mögen.

Und dann gibt es Wörter, die wir erst richtig deuten können, wenn wir wissen, wie sie in einem anderen Kulturkreis interpretiert werden. „Glück" beispielsweise. Ich persönlich habe keine Ahnung, was „Glück" wirklich heißt, aber seitdem ich hier lebe, weiß ich, dass wir Angloamerikaner „Glück" grundsätzlich anders verstehen als Deutsche.

LUCK

Glück in der Liebe, Unglück im Glück

Nichts verwundert uns englische Muttersprachler mehr als das deutsche Wort „Glück". Es will uns einfach nicht in den Kopf, dass die Deutschen nicht zwischen „Glück" und „Glück" unterscheiden können. Inhaltlich handelt es sich nämlich um zwei ganz verschiedene Dinge. Dazu ein Beispiel: „Ich traf sie auf einer Demo gegen die sinkende Demonstrationsbereitschaft", erzählte mir Jochen, der sich mal wieder Hals über Kopf verliebt hatte. „Die Menge drängelte ganz plötzlich, jemand in einem Pumuckl-Kostüm schubste mich, sie stolperte und fiel mir direkt in die Arme. Wir kennen uns schon eine ganze Woche und sind immer noch verliebt. *I am very lucky.*"

Ich hasse solche Geschichten. Nicht, weil ich meinem alten Freund sein Glück nicht gönne, sondern weil ich nicht weiß, wovon er redet. Er hatte nämlich *lucky* gesagt, aber *happy* gemeint ... Oder doch nicht? War er in dem Sinne „glücklich", dass er vor Freude im siebten Himmel schwebte? Oder dachte er bloß, er hätte „Glück" gehabt, weil ihm unverhofft eine nette Frau in die Arme gefallen war?

Das genau zu wissen ist für mich schon wichtig. Schwebt er auf Wolke sieben, weiß ich: Geh bloß kein Bier mit ihm trinken, er wird die ganze Zeit von nichts anderem als von dieser Frau schwärmen. Falls er jedoch den „glücklichen Zufall" meint, dann schlage ich ihm gleich eine Runde Skat vor – nach dem Motto „Glück in der Liebe, Pech im Spiel".

Denn bei uns heißt „so glücklich, dass ich jauchzen könnte" *happy* und der „glückliche Zufall" *lucky*. Das ist für uns ein himmelweiter Unterschied und wir finden es ehrlich gesagt ziemlich bedenklich, dass die Deutschen dafür keine zwei Wörter haben. Wer „wunschloses Glücklichsein" *(happiness)* mit „Glück im Spiel beziehungsweise wohlgesinntem Schicksal" *(luck)* gleichsetzt, für den ist Glück wohl reiner Zufall. Er glaubt anscheinend, er könne selber gar nichts dazu beitragen, jemals *happy* zu sein.

Ein Ami würde sein Glück nie dem Glück überlassen. Das haben wir sogar in unserer Verfassung verankert. Dort steht nicht: „Jeder hat das Recht, glücklich zu werden, so der Zufall es will." Nein, es heißt: „Jeder hat das Recht, nach Glück zu streben." Glück ist für uns keine Glückssache. Das erklärt zum Beispiel, warum es am Ende eines Films oder Buches nie *Lucky Ending* heißt. Das wäre zynisch. Das hieße so was wie: „Der Held hatte Glück – diesmal." Nein, man redet vom *Happy Ending*, denn der Held hat die Frau erobert und grinst nun die ganze Zeit selig vor sich hin.

Und wenn man sagt, jemand sei *down on his luck*, heißt das nicht, dass er traurig ist, sondern: das Schicksal meint es nicht gut mit ihm, alles geht schief und er hätte gern ein paar Dollar bis Dienstag.

Ich kann nicht sagen, ob der belgische Cowboy *Lucky Luke* glücklich ist, allerdings hat er ein glückliches Händchen – er trifft jedes Mal.

Ein Boot mit dem Namen *Lady Luck* hat nichts mit einer fröhlichen Dame zu tun, sondern ist nach der Schicksalsgöttin Fortuna benannt. Ein *lucky charm* ist ein kleiner Schmuckanhänger, der zwar nicht glücklich macht, dafür aber eine glückliche Fügung anziehen soll.

Im Fall von Jochen, der auf einer Demo der Frau seines Lebens begegnete: Er hatte beides, „Glück" und „Glück". Einerseits war er *lucky*, zufällig in der Menge ausgerechnet auf sie zu treffen; andererseits machte ihn diese Frau tatsächlich verdammt *happy*. Zumindest diese eine Woche.

LISTEN

Ich höre, aber ich höre nicht zu

Zu meiner Verteidigung muss ich vorbringen, dass ich gerade „Gute Zeiten, schlechte Zeiten" guckte, als meine Beziehung zu Charlotte in gefährliches Fahrwasser geriet. Warum warten Frauen auch immer genau auf den Moment, in dem der Mann fernsieht, um irgendetwas unglaublich Wichtiges mit ihm zu besprechen? Das ist ein Phänomen, das die Wissenschaft bis jetzt vernachlässigt hat. Auf jeden Fall begann Charlotte zu diesem sehr ungünstigen Zeitpunkt eine lange, emotionale Konversation über das brisante Thema Biogemüse, auf das ich eher sachlich, in wohlüberlegten Sätzen einging, die ausschließlich aus den Worten „Hm, hm! Ja, ja!" bestanden.

Irgendwann stellte Charlotte diese Frage, die sie aus irgendeinem Grund häufiger mal stellt: „Hörst du mich überhaupt?" Leider befand ich mich gerade mal wieder in einer Klugscheißer-Phase und antwortete: „Klar höre ich dich. Sonst würde ich nicht an den geeigneten Stellen ,Hm, hm! Ja, ja!' sagen können. Im Übrigen kann man Ohren nicht zumachen – selbst wenn ich das wollte, ich würde dich trotzdem noch hören."

Abgesehen davon, dass ich danach dreieinhalb Wochen keinen Sex mehr hatte (Was nimmt ein Klugscheißer für das letzte Wort nicht alles auf sich?), gab ich nichtsdestotrotz eine sprachwissenschaftlich sehr interessante Wahrheit von mir: „Hören" ist nicht gleich „hören". Das ist leider auch jeder Frau bekannt, so auch Charlotte, die daraufhin spitz bemerkte: „Ich weiß, dass du mich hörst, aber offenbar hörst du mir nicht zu."

Dieses Problem – „hören" ist nicht gleich hören – lösen die Deutschen, indem sie einfach ein „zu" davorsetzen. Im Englischen finden wir den Unterschied zwischen hören und zuhören so existenziell wichtig, dass man dafür gefälligst zwei grundverschiedene Wörter haben sollte. Deshalb heißt „hören" bei uns *hear* und „zuhören" *listen*.

Hören ist das, was im Wachzustand eigentlich immer stattfindet – es sei denn, man presst die Hände auf die Ohren, was allerdings nicht immer gut ankommt. Will man dagegen jemandem zuhören, kann es jedoch nicht, weil der andere zu leise spricht, dann heißt dies auch „hören" beziehungsweise „nicht hören": *I wanted to **listen** to Charlotte's story about her mother's pumpkins, but she was talking so softly I couldn't hear a word.*

Selbst wenn man zufällig etwas mitbekommt, ist das „hören": *I was about to enter the living room, but I **heard** Charlotte talking about her mother's pumpkins, so I went back into the kitchen.*

Und natürlich der Klassiker – wenn der Lärm außenrum so laut ist, dass man ihn einfach nicht mehr ignorieren kann: *Kids, stop making all that noise! I can't **hear** myself think!*

Will eine Mutter ihrem Kind geduldig und sachlich klarmachen, nun sei der Moment gekommen, in dem es ausnahmsweise mal ganz genau zuhören sollte, sagt sie: ***Listen** to me or you'll end up* *a bum sleeping in the gutter.* (Hör mir zu oder du endest als Penner in der Gosse.)

Hört man Musik und tut nichts anderes nebenher, so ist das ebenfalls „zuhören": *Can we talk about your hopes, dreams, and fears later? I'm* **listening** *to the new Metallica CD.* (Können wir über deine Hoffnungen, Träume und Ängste später sprechen? Ich höre gerade die neue CD von Metallica.)

Und sollte es ein Mann schaffen, die Frauen zu überzeugen, dass er tatsächlich jedem ihrer Worte Beachtung schenkt, heißt es von ihm nicht, er besäße ein gutes Gehör, sondern: *I told him all about my hopes, dreams, and fears and he didn't fall asleep once! He's a good* **listener**. *(Ich erzählte ihm von all meinen Hoffnungen, Träumen und Ängsten und er schlief dabei nicht einmal ein. Er ist ein guter Zuhörer.)*

Ich wünschte, Charlotte würde das mal von mir sagen ...

WATCH

Sehen Sie noch oder schauen Sie schon?

Die Frauen sollen bloß nicht glauben, sie seien die Einzigen, denen man keine Aufmerksamkeit schenkt. Eines Tages hatte ich mir ein schickes, neues Hemd gekauft und musste geschlagene 30 Minuten im Wohnzimmer vor Charlotte auf und ab stolzieren, ohne dass sie auch nur ein Sterbenswörtchen darüber verloren hätte. Sie saß auf der Couch und schaute sich im Fernsehen ein Spiel der Fußball-WM an. Immer wenn ich vor ihr vorbeiging und das Bild kurzzeitig verdeckte, murmelte sie: „Hm, hm! Ja, ich sehe dich, Schatz" und machte so eine wedelnde Bewegung mit der Hand.

Sie wusste, ich wollte ihre Aufmerksamkeit, sonst hätte sie nicht „Ich sehe dich, Schatz" gesagt. Doch es reichte mir nicht, dass sie mich sah, ich wollte, dass sie mich richtig ansah. Irgendwann baute ich mich direkt vor dem Fernseher auf und meinte: *„You see me, but you're not looking at me."* (Du siehst mich, aber du schaust mich nicht an.)

Ich glaube auch, sie hätte mir in diesem Moment die von mir gewünschte Aufmerksamkeit gewidmet, wenn nicht irgendjemand im Fernsehen „Tor!" geschrien hätte. Anstatt Rücksicht und Teilnahme zu zeigen, sprang sie wütend auf und brüllte mich an: *„Can't you see I'm watching TV?"* *(Siehst du nicht, dass ich fernsehe?)*

Da haben wir es wieder: Selbst „sehen" ist nicht gleich „sehen". Auf Englisch haben wir geschlagene drei Möglichkeiten, zu gucken: *see, look* und *watch*. Und jedes Wort hat eine andere Verwendung. *See* ist ganz einfach – immer wenn die Augen offen sind, sieht man. *Look* und *watch* entsprechen dem deutschen „schauen" oder „zuschauen", wobei *look* ein kurzes, gezieltes Hingucken oder Inspizieren ist, während *watch* eher zu lang andauerndem und gezieltem Betrachten neigt.

Seeing hat oft etwas Zufälliges. Wenn man eine schnelle, unerwartete Bewegung *out of the corner of your eye* (aus dem Augenwinkel) wahrnimmt, zum Beispiel: *Dad, I think I saw a ghost!* (Papa, ich glaube, ich habe einen Geist gesehen.) Was man sieht, kann man sich nicht immer aussuchen. Wer nachts von prophetischen Visionen heimgesucht wird, ist ein Seher – ein *seer*.

Seeing ist ein so allgemeiner Begriff, dass er sich auch prima für die kleine, gut gemeinte Lüge eignet.

„Look at me!", bettelt der kleine Junge, der gerade kopfüber auf einem im Kreis fahrenden Fahrrad balanciert und dabei mit den Füßen die Fortsetzung von „Krieg und Frieden" auf einer Schreibmaschine schreibt.

„I see you, buddy", sagt dann der Papi, ohne die Augen von der Zeitung zu heben.

Die Kunst des flüchtigen Blickes beherrscht jeder Mann, der mit einer Lebensabschnittspartnerin eine Straße entlangspaziert und ohne eigenes Dazutun immer wieder mit jüngeren und auffallend geschmackvoll gekleideten Passantinnen konfrontiert wird, die einfach angeguckt werden wollen. Das Prinzip, dass man gucken, aber nicht anfassen darf, ist in jedem männlichen Hirn wie ein eisernes Gesetz verankert. *„You can look but you better not touch"*(Du darfst schauen, aber nicht anfassen.), sang schon Bruce Springsteen.

Doch sollte der Mann auf der anderen Straßenseite seinen – eigentlich verheirateten – besten Freund mit einer anderen Frau sehen, wendet er schnell den Blick ab: *It's Harry with Sheila! Quick, look the other way!*

Und erkennt der eigentlich verheiratete Harry ein paar Tage später im Juwelierladen, dass die Halskette, die er seiner Frau schenken wollte, um die Wogen zu glätten, doch recht teuer ist, sagt er, sobald der Verkäufer erscheint: *I'm just looking.*

Watching dagegen hat oft etwas Unterhaltsames an sich – ähnlich wie man sich beim Musikhören entspannen kann, lässt man den Blick auch oft nur rein zum Vergnügen schweifen. Deshalb heißt es vor dem Fernseher oder auf der Zuschauertribüne *watching*: *Don't bother me, I'm watching soccer!*

Merkwürdigerweise macht man das im Kino oder im Theater aber nicht – hier sagt man wie im Deutschen:

> Ich sah einen Film. = *I went to the movies and saw „Avatar".*

Watching kann man ebenso aus Pflichtgründen. Will der etwas aus dem Leim gegangene, eigentlich verheiratete Harry auf dem Fußballplatz der skeptischen Ehefrau beweisen, dass er es noch bringt, sollte sie etwas mehr Zeit mitbringen – 90 Minuten, wenn sie Pech hat und er so lange durchhält: *Watch me play!*

Genau das Gleiche wünscht sich in diesem Moment das Baby von der Babysitterin zu Hause. Und die schaut dem Baby bei all seinen Aktivitäten so genau zu, dass es kein Wunder ist, dass *watching over* „aufpassen" heißt.

> „Someone to Watch Over Me" (Jemand, der auf mich aufpasst) – der Jazzklassiker von George Gershwin
> *Watch out for the ball! It's coming right at you.* = Pass auf, der Ball fliegt direkt auf dich zu!

SENSITIVE

Unsinn und Unsinnlichkeit

Geht es um wahre Gefühle, so gibt es eine feine Grenze zwischen nicht genug und zu viel. Glaubt man den Frauen, zeigen die Männer ihre Gefühle nicht genug und sind zudem – ein doppelter Schicksalsschlag – nicht einmal fähig, die Gefühle anderer zu erkennen. Wer allerdings jemals ein Junge gewesen ist, weiß, dass nichts Gutes dabei rauskommt, wenn man sich mitten auf dem Sportplatz wegen eines abgebrochenen Fingernagels hinwirft und in Tränen ausbricht, während der Ball, den man eigentlich fangen sollte, gerade seelenruhig vorbeifliegt. Falls ich das richtig verstanden habe, ist es gut, sensibel zu sein. Ist man jedoch ein Sensibelchen, ist das weniger toll. Wo genau dazwischen die Grenze verläuft, da bin ich wie die meisten Männer ehrlich gesagt überfragt.

Wer als Deutscher Englisch spricht und gleichzeitig versucht, den emotionalen Anforderungen der Frauen gerecht zu werden, hat ein zusätzliches Problem: Man hat keine Ahnung, was die Wörter *sensible* und *sensitive* überhaupt bedeuten. Sie hören sich zwar genauso an wie die deutschen Begriffe „sensibel" und „sensitiv", meinen aber teilweise etwas ganz anderes. Und dann sagt die Frau irgendwas von *sensual* und man kann es gleich aufgeben.

Nur das englische *sensitive* und das deutsche „Sensitiv" sind sich von der Bedeutung her ähnlich, die restlichen Begriffe werden in beiden Sprachen anders verstanden. Stellen Sie sich einmal vor, diese drei Wörter (*sensual, sensitive* und *sensible*) wären Personen:

Sensual mit *s* in der Mitte ist die perfekte Frau, die alle Männer wollen. *A sensual woman* ist „eine sinnliche Frau", die genau so auf die zarte Berührung von Männerhänden reagiert, wie der Besitzer dieser Hände sich das von einer Frau erträumt. Kommt man einander näher, kann das in besonders angenehmen Momenten zum Einsatz aller Sinne führen: Geruch, Geschmack, Hören, Tasten und Betrachten werden als besonderer Genuss erlebt. Das ist „sinnlich", also *sensual*.

Sensitive mit *t* in der Mitte ist hingegen der perfekte Mann – der Typ, den alle Frauen wollen. *A sensitive man* ist besonders empfänglich für subtile Gefühle. Er merkt, wenn es Ihnen nicht gut geht; er heult, wenn in Afrika ein Kind hungert, und ist empört, wenn seinem Schatz von einem Bauarbeiter nachgepfiffen wird. Seufzen Sie einmal ohne jede Vorwarnung: „Ach, das Geschirr, so ein Berg." Dann sagt er nicht: „Hm, hm! Ja, ja, Schatz, ist mir auch schon aufgefallen." Nein! Er erhebt sich mit einem Lächeln, und nach wenigen Minuten glänzt die Küche wieder wie neu. Der überempfindliche Künstler oder das Kind, das schnell in Tränen ausbricht, gilt ebenfalls als *sensitive*. Leider haben wir auf Englisch kein so schönes Wort wie „Sensibelchen", aber *sissy, cry-baby* oder *wuss* tun es genauso.

Sensible hingegen ist weder die perfekte Frau noch der perfekte Mann – *sensible* ist der Mann oder die Frau, den oder die man heiratet. *Sensible* hört sich zwar an wie das deutsche Wort „sensibel", hat allerdings rein gar nichts mit „empfindsam" zu tun. Im Gegenteil, *sensible* bedeutet bei uns „grundvernünftig". *A sensible woman* trägt flache Schuhe, ist rundum versichert, hat ein unangetastetes Sparbuch und heiratet einen netten, fleißigen Mann, der kein Motorrad fährt, seine Abende nicht in der Kneipe verbringt und weiß, was ein Kreuzschlitzschraubenzieher ist.

Sensual, sensitive und *sensible* stammen alle von *sense* ab und sind nur deswegen so unterschiedlich, weil auch *sense* so viele verschiedene Bedeutungen hat.

Genau wie „Sinn" im Deutschen übrigens auch. „Sinn" hat ja auch das, was praktisch etwas bringt: Das ganze Geld für Eiscreme auszugeben, weil gerade Kindergeburtstagsparty ist und der bestellte Clown ausfällt, ist sinnvoll; das ganze Geld für Eiscreme auszugeben, wenn die Kinder Hunger haben, ist sinnlos (egal, was die Kinder behaupten). Auf Deutsch ist es ähnlich – macht jemand was Unvernünftiges oder gar Unsinniges, fragt man: „Bist du von Sinnen?" *Come to your senses,* sagt man auf Englisch (Komm zur Vernunft!). Wer sinnvolle Entscheidungen trifft, verfügt über *common sense* – einen „gesunden Menschenverstand".

Das erklärt den für Millionen deutscher Schüler verwirrenden Titel von Jane Austens bekanntestem Roman. Im Original heißt das Buch „Sense and Sensibility", das bedeutet nicht, wie oft übersetzt wird „Sinn und Sinnlichkeit", sondern „Vernunft und Empfindsamkeit". Es umschreibt folgenden Konflikt: Soll ich den reichen Schnösel heiraten – was ja eigentlich sinnvoll wäre – oder den Typen, der mir das Herz gestohlen hat? „Kopf und Bauch" wäre richtiger gewesen. Dummerweise klang das auf Deutsch nicht ganz so poetisch wie „Sinn und Sinnlichkeit", also nahm man den blumigen, weniger sinnvollen Titel.

Apropos Jane Austen: Ein Film über ihr Liebesleben trägt den Titel „Becoming Jane".

Ich werde und werde nicht geworden

Der arme Jochen. Alle, aber auch wirklich alle waren gegen ihn.

Wir saßen in einem schummrigen, nach altem Rauch stinkenden Irish Pub, und er stand stolz hinter der Theke. Er hatte einen Freund überzeugt, dass aus ihm noch ein guter Barkeeper werden könnte, und hielt sich bereits seit einer Woche wacker am Zapfhahn. Allerdings war das keine allzu große Herausforderung, weil der Irish Pub, einst der Nachbarschaftstreff schlechthin, meistens leer war. Also saßen wir drei Kumpel aus reiner Solidarität bei ihm an der Bar, und Jochen schenkte uns großzügig vom besten Whisky seines Chefs ein. Sich selbst schenkte er ebenfalls ein. Das war sein erster Fehler.

Sein zweiter Fehler bestand darin, dass er genug Englisch konnte, um zu wissen, dass „werden" auf Englisch öfter mal mit *will* übersetzt wird, jedoch nicht genug, um zu wissen, dass es nicht immer *will* heißt.

Sein dritter Fehler: Jochen liebt deutsche Sprichwörter. An sich ist das kein Fehler, nur in Kombination mit den anderen beiden, denn plötzlich kam er auf die Idee, uns auf Englisch einen tollen geflügelten deutschen Spruch beizubringen: „*Who wills nothing, will bartender.*" Er stockte. Er dachte nach. Seine Augenbrauen zogen sich zusammen. Er blickte uns, die wir Deutsch konnten und das Sprichwort „Wer nichts wird, wird Wirt" sehr gut kannten, wieder an und sagte: „Das kann nicht sein, oder?"

Wir schüttelten traurig den Kopf: Nein, das kann nicht sein. Das Wort, was er suchte, war *become*. Das deutsche Wort „werden" lässt sich nämlich nicht nur mit *will* übersetzen, sondern auch mit *become*. *Will* weist ganz einfach in die Zukunft, mehr nicht. *Become* beschreibt hingegen einen längeren Prozess der Veränderung, einen Werdegang, ein „Werden" eben:

Jochen wird Wirt. = *Jochen is becoming a bartender.*

Leider funktioniert der schöne Spruch „Wer nichts wird, wird Wirt" auf Englisch einfach nicht, auch nicht mit *become*: *He who becomes nothing will become a bartender.* Nee, bei aller Liebe, das geht wirklich nicht.

Become wird oft mit einem Beruf oder gar einer Berufung verbunden:

> *Jochen wanted to become a bartender, but he ended up becoming a politician.* = Jochen wollte Barkeeper werden, stattdessen wurde er Politiker.
> *Tell me how you became a politician and I'll tell you how I became a prostitute.* = Sag mir, wie du Politiker wurdest, und ich sage dir, wie ich Prostituierte wurde.

Allerdings sollte man sich vor *become* etwas in Acht nehmen, denn das Wort wird immer weniger benutzt. Stattdessen verwenden wir jetzt *get*:

> *It's becoming cold.* = *It's getting cold.*
> *Jochen is becoming desperate for a good job.* = *Jochen is getting desperate for a good job.*

Auch ein Rockkonzert oder ein Streit zwischen Ehepartnern, der sich gerade in der Vorstufe zur Eskalation befindet, wird immer seltener mit *It's going to become loud* kommentiert, sondern eher mit *It's going to get loud*.

Die Beatles haben 1967 in ihrem Lied „Getting Better" das Wort *becoming* ganz weggelassen:

> *„I've got to admit it's getting better,*
> *It's a little better all the time (...)*
> *It's getting better since you've been mine."*
> (Ich muss zugeben, es wird besser,
> es wird ständig ein bisschen besser (...)
> es wird besser, seit du mein bist.)

Und ein Junge, der, wenn er groß ist, Astronaut, Polizist oder gar Wirt werden will, lässt den zweiten Teil des Wortes, das -coming, ganz einfach weg: *Daddy, daddy, I want to be a bartender when I grow up! Become* wird scheinbar langsam entbehrlich. Dennoch kommt es nicht völlig aus der Mode. Nein, es nimmt nur eine neue, ehrwürdigere Stellung ein, die ausgedienten, respektierten Wörtern vorbehalten ist: *become* wird poetisch.

> *Remember, my obstinate child, every caterpillar must soon become a butterfly.* = Denk daran, mein störrisches Kind, jede Raupe wird unweigerlich zum Schmetterling.

Eine Sonderstellung als philosophisches Wort hat *becoming* sowieso schon lange. Der griechische Philosoph Heraklit von Ephesos entwickelte die Idee des *becoming* und umschrieb sie:

> *Everything flows, nothing stands still.* = Alles fließt, nichts bleibt stehen.

In Hegels philosophischen Werken wird der Begriff „Werden" mit *becoming* übersetzt, und im Buddhismus bedeutet „Bhava" die Kontinuität des Seins über Leben und Tod hinaus – was das im praktischen Leben heißt, weiß ich nicht, die englische Übersetzung ist jedenfalls *becoming*.

Und Jochen? Er hatte seine Stelle als Barkeeper nicht lange inne. Das lag allerdings nicht daran, dass er mit uns das ganze Inventar weggetrunken hätte. Nein, die Kneipe wurde sogar einen Tag, bevor er gefeuert wurde, geschlossen – was er ziemlich unfair fand. Denn er hatte vorgehabt, sich im Falle eines Bankrotts mit dem restlichen Inventar zu trösten. Nein, die Zeit der Irish Pubs war einfach vorbei:

> *The Irish Pub is quickly becoming a relic of Germany in the eighties.* = Der Irish Pub wird immer mehr zu einem Relikt aus dem Deutschland der 1980er.

SPIEL, GAME AND PLAY

Das Leben ist ein Spiel

Philosophiert man über das Leben, kommen dabei meist nur sehr gewichtige Gedanken heraus: Ist der Sinn des Daseins die Liebe, ein rechtschaffenes Leben, Gott zu finden oder gibt es überhaupt einen Sinn? Das alles ist nicht leicht zu beantworten. Und so ernsthaft obendrein. Was für eine Erleichterung, wenn dann einer sagt: „Ach was, das Leben ist bloß ein Spiel." Die Erste, die das erkannte, war angeblich Christine, Königin von Schweden, die diese Weisheit schon im 17. Jahrhundert von sich gab. Was genau meinte sie damit? Dachte sie bei „Spiel" an „Sport" oder „Gesellschaftsspiel": Man strengt sich an, aber im Endeffekt geht es eigentlich um nichts? Oder bedeutete es für sie „Schauspielerei" – jeder macht jedem nur was vor? Oder assoziierte sie mit „Spiel" gar das „Glücksspiel"? Man setzt im Leben alles ein, über den Ausgang entscheidet letztendlich jedoch das Glück? Mit anderen Worten: Meinte sie mit „Spiel" *game*, *play* oder *gamble*? Oder gar *spiel*?

Doch, doch, das Wort *spiel* gibt es auch auf Englisch. Hätte Christine geglaubt, das Leben sei ein „einziges Blabla", eine „völlig abwegige Geschichte" oder gar ein „bestrickendes Verkaufsgespräch", hätte sie wohl das englische Wort *spiel* benutzt. Dieses Wort kam mit den jüdischen Einwanderern aus dem Deutschen ins Englische – Jiddisch ist ja bekanntlich eine germanische Sprache.

Heute bedeutet *spiel* (auch *speel* oder *spihl* geschrieben) eine mit mehr Lust und Leidenschaft als Glaubwürdigkeit vorgetragene Rede, ein Beschwatzen und Bezirzen – so was wie eine Masche. Man kann es manchmal sogar mit „Spielchen" übersetzen. Wenn Sie in einem Geschäft an einen besonders aufdringlichen Verkäufer geraten, der Ihnen den Arm um die Schulter legt und Sie mit Argumenten zulabert, die er schon tausendmal gebracht hat – und zwar erfolgreich –, dann gibt er

Ihnen sein *spiel*. Ein Komiker auf der Bühne hat sein eigenes *spiel*, der routinierte Draufgänger in einer Singlekneipe ebenfalls und ein Politiker sowieso. Als Barack Obama sein Volk im Sommer 2010 über das Ausmaß des BP-Öllecks (Ölauslauf = *oil spill*) im Golf von Mexiko mit wenig glaubwürdigen Argumenten beruhigen wollte und es etwas verhalten darauf reagierte, titelte eine britische Zeitung:

> „*No gushing over Obama's oil spill spiel*" = Keine Begeisterungsstürme für Obamas Ölleck-Spielchen

Allerdings ist es wenig wahrscheinlich, dass Christine von Schweden des Jiddischen mächtig war.

Life is a game

Von den vielen möglichen Übersetzungen des deutschen Wortes „Spiel" ist die häufigste wahrscheinlich *game*. Ist das Leben ein *game*? Aber klar doch: *The Game of Life*, auch einfach *Life* genannt, ist ein in Deutschland wie in Amerika beliebtes Spiel, bei dem die Spieler diverse Phasen des Lebens von der Kindheit bis zum Tod durchmachen: das Spiel des Lebens.

Ein *game* ist ein Brettspiel *(board game)*, ein Gesellschaftsspiel *(party game)*, ein Fußballspiel (*soccer* beziehungsweise *football game*), ein Pokerspiel (*poker* beziehungsweise *card game*) und heutzutage überdies ein Computerspiel (*video game* beziehungsweise *computer game*). Seit es Computerspiele gibt, haben wir ein neues Wort für denjenigen, der sie gerne spielt: *gamer*. Weil Spiel und Sport so eng mit der menschlichen Natur verknüpft sind, steht *game* ebenfalls als Sinnbild für das Leben:

> *Life is but a game.* = Das Leben ist nur ein Spiel.
> *for the love of the game* = aus Liebe zum Spiel
> *at the top of his game* = auf dem Höhepunkt seines Könnens
> *I'm game.* = Ich bin zu allem bereit.

Ist das Leben ein Spiel, schwingt natürlich immer mit, dass es eben nur spielerisch zu verstehen ist: Es gibt zwar Gewinner und Verlierer, wer allerdings dabei Spaß gehabt hat, hat niemals wirklich verloren.

> *„The score never interested me, only the game."* = Der Spielstand hat mich nie interessiert, nur das Spiel an sich. (Mae West, amerikanische Sexikone)
>
> *„It's the game of life. Do I win or do I lose? One day they're gonna shut the game down. I gotta have as much fun and go around the board as many times as I can before it's my turn to leave."* = Es ist das Spiel des Lebens. Gewinne oder verliere ich? Eines Tages wird es zu Ende sein. Ich will so viel Spaß haben und so viele Runden auf dem Brett drehen, wie ich kann, bevor ich aussteigen muss. (Tupac Shakur, ermordeter Rapper)

Und ehrlich gesagt: Das Leben hat so viele Aufs und Abs – verliert man heute ein Spiel, kann man es beim nächsten Mal ja wieder gewinnen. Es sei denn, man ist vor dem nächsten Spiel bereits tot.

> *„We didn't lose the game; we just ran out of time."* = Wir haben das Spiel nicht verloren, uns hat bloß die Zeit nicht gereicht. (Vince Lombardi, Football-Trainer – der amerikanische Sepp Herberger)

Life is a play

Vielleicht meinte Christine nur, dass jeder im Leben eine Rolle zu spielen hat, denn „Spiel" bedeutet auch „Schauspiel". Will eine Dame abends zum *play* gehen, denkt sie an kein Fußballspiel, sondern an „Macbeth". Ein „Schauspiel" auf einer Bühne (*stage)* ist kein *game*, sondern ein *play*:

Macbeth is a great play, baby, but even Shakespeare wouldn't miss the Germany-Brazil game. = Macbeth ist ein großartiges Schauspiel, Baby, aber nicht mal Shakespeare würde das Spiel Deutschland gegen Brasilien verpassen.

Den Spruch „Das Leben ist ein Schauspiel" gibt es zwar nicht ... dennoch beschrieb Shakespeare dies bereits vor vier Jahrhunderten in seinem Stück „Wie es euch gefällt":

„All the world's a stage,
And all the men and women merely players;
They have their exits and their entrances;
And one man in his time plays many parts ..."
(Die ganze Welt ist eine Bühne,
und alle Männer und Frauen bloße Spieler;
sie haben ihre Abgänge und Auftritte
und ein Mensch spielt viele Rollen in seiner Zeit.)

Mit *parts* meinte Shakespeare übrigens „Rollen", und zwar rechnete er aus, dass der durchschnittliche Mensch sieben Rollen in seinem Leben spielt:

1. *the mewling and puking infant* (das jammernde, spuckende Baby)
2. *the whining, unwilling school-boy* (der weinerliche, widerwillige Schüler)
3. *the lover, sighing like furnace* (der Liebhaber, seufzend wie ein heißer Ofen)
4. *the soldier, full of strange oaths, jealous in honour, quick in quarrel, seeking the bubble reputation* (der Kämpfer, in fremden Sprachen fluchend, süchtig nach Ehre, schnell zum Streit bereit, der Illusion des Ruhms nachjagend)
5. *the justice, with round belly, eyes severe, full of wise saws* (der Richter mit rundem Bäuchlein, ernsthaftem Blick und voller Besserwisser-Weisheiten)

6. *the pantaloon with spectacles on nose, his big manly voice turning again toward childish treble* (der Pantoffelheld mit Brille auf der Nase, die volle männliche Stimme mehr und mehr ein kindliches Pfeifen ...)

7. *the second childhood ... sans teeth, sans eyes, sans taste, sans everything* (die zweite Kindheit, ohne Zähne, ohne Augen, ohne Geschmackssinn, ohne alles)

Life is a gamble

Oder dachte Christine doch eher an das „Glücksspiel"? Wer hat sich nicht schon mal gefragt: Wieso habe ich, der ich so intelligent und fleißig bin, weniger Erfolg als dieser gut aussehende Faulpelz da? Man kann sich noch so sehr anstrengen – ob man letztendlich dafür belohnt wird, ist reine Glückssache, denn das Leben ist ein *gamble*.

> „*Life will always remain a gamble, with prizes sometimes for the imprudent, and blanks so often to the wise.*" = Das Leben wird immer ein Glücksspiel bleiben, mit manch Gewinnen für die Narren und – so oft – Nieten für die Weisen. (Jerome K. Jerome, Autor von „Drei Mann in einem Boot")

Das Glück kann manchmal so ungerecht und grausam sein, dass einem der Schreck in die Glieder fährt, wenn man nicht zu den Gewinnern gehört:

> „*Life is a gamble at terrible odds; if it were a bet, you would not take it.*" = Das Leben ist ein Glücksspiel, bei dem die Chancen so schlecht stehen, dass ich es nicht annehmen würde, wenn es eine Wette wäre. (Tom Stoppard, britisch-amerikanischer Autor)

Bei dieser Betrachtung kommt mancher zum Ergebnis, das Glück, welches einem selbst nur selten widerfährt, könne möglicherweise zu Gottes Plan gehören und erfordere eben Risikobereitschaft:

> *„Risk is a part of God's game, alike for men and nations."* = Risiko ist ein Teil von Gottes Spiel, für Menschen und Nationen gleichermaßen. (Warren Buffett, amerikanischer Spekulant und Milliardär)

Man sagt, Frauen wären weniger risikobereit als Männer ... es kann aber auch sein, dass sie einfach andersartige Risiken eingehen:

> *„Women's total instinct for gambling is satisfied by marriage."* = Jeglicher weibliche Instinkt für Glücksspiel wird durch die Ehe mehr als befriedigt. (Gloria Steinem, Ikone der amerikanischen Frauenbewegung)

Doch den schönsten Spruch – über *gambling* und das Risiko notwendiger, aber ungewisser privater oder geschäftlicher Investitionen – hörte ich in Cannes, wo ich als Reporter mit dem Produzenten Arnon Milchan („Brazil", „Pretty Woman", „Natural Born Killers") an einem Tisch sitzen durfte. Danach gefragt, was er bei einem Flop tun würde, erwiderte er:

> *„You don't lose the game until you leave the casino."* = Du hast das Spiel nicht verloren, bis du das Casino verlässt.

Was meinte nun Christine von Schweden, als sie sagte, das Leben sei ein Spiel? Im Deutschen braucht man diese Frage gar nicht zu stellen, denn ein „Spiel" ist immer ein „Spiel". Im Englischen muss man sich allerdings entscheiden: Dachte sie dabei an ein jiddisches *spiel*, ein *game* mit Regeln, Gewinnern und Verlierern, ein *play* auf der Bühne oder doch an ein *gamble*, bei dem es um Risiko und Einsatz geht?

Vollständig heißt der älteste mir bekannte Spruch über das Spiel des Lebens: „Das Leben ist ein Spiel. Man macht keine größeren Gewinne, ohne Verluste zu riskieren." Demnach war die Königin von Schweden wie so viele Politiker im Grunde ihres Herzens ein *gambler*.

Komm spielen!

Das Verb *play* ist ebenso schön wie erschreckend vielfältig. Es steckt voller kindlichem Spaß und souveräner Sorglosigkeit und ist wie im Deutschen sehr flexibel einsetzbar. Was kann man auf Englisch denn so alles „spielen"? Jede Art von Gesellschaftsspiel natürlich, manche (Mannschafts-)Sportarten, eine Rolle oder ein Musikinstrument, sogar mit sich selbst oder den Herzen anderer kann man spielen.

Zu Shakespeares Zeiten beispielsweise hießen die Schauspieler noch *player*. Das hat sich inzwischen geändert:
Heute spielen *players* nur noch in *games*: Es gibt *poker players, soccer players* und *monopoly players*. Ein *game player* kann jemand sein, der Spiele spielt, aber auch ein manipulativer Mensch, für den menschliche Beziehungen nur ein Spiel sind. *Watch out for Bob – he's a game player. He'll break your heart.* (Pass auf bei Bob. Er ist ein Frauenheld. Er wird dir das Herz brechen.)

Im übertragenen Sinne kann man ebenfalls ein Spieler sein. Jemand, der im gesellschaftlichen, politischen oder wirtschaftlichen Leben auf höchstem Niveau dermaßen mitmischt, dass er das Spiel bestimmt, ist ein *major player* oder gar ein *global player*:

> *Wim Wenders may be an important artist, but Steven Spielberg is a major player.* = Wim Wenders mag zwar ein wichtiger Künstler sein, aber wenn Steven Spielberg den Mund aufmacht, hören die wirklich wichtigen Leute zu.

Was *players* heute nicht mehr tun, ist, auf der Bühne zu spielen. Das übernehmen der *actor* und die *actress*:

> *Marlon Brando was a great actor, when he was not playing around.* = Marlon Brando war ein großartiger Schauspieler, wenn er keine Faxen machte.

Und was ein *actor* auf der Bühne betreibt, ist nicht *playing*, sondern *acting*:

> *I found his acting so realistic, I thought he wasn't acting at all.* = Ich fand seine Schauspielerei so realistisch, dass ich schon dachte, er spielt überhaupt nicht.

Und falls eine *actress* oder eine andere zur Dramatik neigende Person sich außerhalb der Bühne exzentrisch aufführt, dann „spielt" sie auch – finden wir:

> *She's acting as if she owns the place.* = Sie führt sich auf, als ob sie hier der Chef ist.
> *He's acting crazy.* = Er spielt verrückt beziehungsweise er dreht durch.

Die einzige Ausnahme ist hier die „Rolle". Geht es nicht ums Schauspielern im Allgemeinen, sondern um eine spezielle Rolle, kommt das veraltete Shakespeare'sche *playing* wieder ins Spiel:

> *I played Macbeth in London.* = Ich spielte Macbeth in London.
> *I played the fool for that woman too long.* = Zu lange habe ich für diese Frau den Narren gespielt.

Das ist nicht witzig! Aber es macht Spaß.

Haben Sie sich je gefragt, was der Markenname funny-frisch bedeutet? Mich als Amerikaner verwirrt er: „Witzig-frisch?" Was ist so witzig an Chips? Vielleicht geht es ja um Chips, die einem schnell noch ein paar Scherze erzählen, bevor man sie verschlingt? Das wäre ja verdammt gefährlich – was ist, wenn man sich dabei vor Lachen verschluckt?

Kurz entschlossen rief ich bei funny-frisch an und fragte bei einer Dame aus der Presseabteilung nach. Zwar hat die Firma ihres Wissens nach den sprachwissenschaftlichen Hintergrund nie gezielt erforscht, sie vermutete aber, dass der Otto Normal-Chips-Genießer *funny* als „Spaß" interpretiert: „Chips haben auch was mit Spaß zu tun, man verbindet sie mit Freizeit und Genuss und Lebensgefühl." Allerdings hatte die Entscheidung, die Firma funny-frisch zu nennen, weniger mit Vermarktung zu tun als mit der unheilvollen deutschen Liebe zu Kalauern: „1972 kam es zum Zusammenschluss zwischen den Snack- und Lebensmittelfirmen Chips frisch und Pfanni", erklärte sie. „Da überlegte man sich einen neuen Namen und jemand kam auf die Idee, die Firma statt pfanni-frisch einfach funny-frisch zu nennen."

Wahrscheinlich hat man sich dabei gedacht: Wenn *fun* im Deutschen „Spaß" bedeutet, muss *funny* „spaßig" heißen. Nun, es stimmt schon, dass wir manchmal dort ein „-y" ans Ende setzen, wo die Deutschen ein „-ig" anfügen – und schon wird aus einem Haupt- ein Eigenschaftswort. Jedoch nicht bei *fun* und *funny*. Diese Wörter sehen zwar ähnlich aus, sind es allerdings nicht. Sie sind total verschieden!

Fun ist alles, was „Spaß" macht, wie eine Überraschungsparty, ein Horrorfilm, Sonnenschein, guter Sex, gute Freunde, Fallschirmspringen, ein spontaner Ausflug, eine Achterbahnfahrt, Halloween, Disneyland und ein Picknick am Strand *(fun in the sun*). Oder einem Freund, der gerade schwimmt, die Klamotten zu klauen: *That was fun!*

Ein Mann, der immer gute Laune hat und ständig was unternehmen will, ist ein lustiger Typ. Es macht viel Spaß, in seiner Nähe zu sein. *(He's a fun guy.)*

Jemand, der permanent rumnörgelt, ist das genaue Gegenteil: *You're no fun.* (Du bist ein Spaßverderber.)

Funny dagegen ist das, was einen spontan zum Lachen bringt. Ist Ihnen schon mal aufgefallen, dass man nicht über alles lacht, was Spaß macht? Lachen Sie in einem Horrorfilm? Lachen Sie beim Sex? Beim Sport? Man lacht nur über das, was „witzig" ist: *funny* bedeutet „witzig". Zum Beispiel, wenn einem der nasse, nackte Freund wütend hinterherwetzt und seine Hose zurückwill: *That was funny!*

Selbst ein Mann, der völlig depressiv den ganzen Tag auf der Couch herumsitzt, dabei aber messerscharfe, derbe, beleidigende und unglaublich komische Bemerkungen über alles und jeden von sich gibt, ist ein witziger Kerl *(a funny guy)*.

Auch ein Comedian, ein Clown, ein Film, ein Lied, eine Anekdote, ja sogar ein Knochen kann witzig sein – jedoch nur wenn es der *funny bone* ist, der „Musikantenknochen".

Sie werden jetzt vielleicht sagen, dass wir es aber genau nehmen mit unserem Spaß, und einwenden, eine Tortenschlacht könne doch genauso *fun* (die Aktion) wie *funny* (der Anblick) sein. Ich muss zugeben, da gibt es schon Überschneidungen. Diese zu erkennen, ist allerdings nicht das Problem. Es geht eher darum, ein Gefühl dafür zu kriegen, was genau den feinen Unterschied ausmacht. Meiner schönen Nachbarin, die in einer schicken Bar arbeitet, hilft dabei immer dieses Bild: Eine Menge Leute halten Alkohol für *fun* und noch mehr Leute sich selbst für *funny*, sobald sie alkoholisiert sind. Dass Alkohol Spaß machen kann, wird keiner bestreiten, aber wer je in nüchternem Zustand den Witzen eines Betrunkenen lauschen musste, weiß, dass das nicht besonders komisch ist. Dies ist der Unterschied zwischen Spaß und Komik – zwischen *fun* und *funny*.

Jeder hat schon Situationen erlebt, in denen *funny* nicht mehr *funny* ist. Genau wie „komisch" im Deutschen kann *funny* auch „eigenartig" oder „seltsam" bedeuten: Wenn die Milch ein wenig komisch schmeckt, ist das nicht witzig, trotzdem sagt man: *It tastes funny.*

Manchmal kommt *funny* auch ironisch-nachdenklich daher:

> *Funny how life is so strange.* = Komisch, wie das Leben so spielt.

Meist aber bedeutet *funny* einfach „witzig". Falls Sie unsicher sind, was wirklich witzig ist und was nicht, machen Sie sich nichts daraus: Sie sind nicht allein. Unter Komikern ist das Thema ein Dauerbrenner. Manche glauben, dass bestimmte Wörter an sich schon witzig sind – man nennt sie *inherently funny words*. Die gibt es in jeder Sprache der Welt: beispielsweise Schnickschnack, Kuddelmuddel, Pudelmütze oder Schabernack. Das sind Wörter, die man sicherlich nicht in einer Ansprache bei einer Trauerfeier verwenden würde, oder?

Der amerikanische Schauspieler W. C. Fields hielt die englischen Begriffe *kumquats, garbanzos* (Kichererbsen) und *guacamole* für *inherently funny*. Von Fields stammt ebenfalls der klassische Ausdruck *suffering succotash!* (Heiliger Maisbohneneintopf!). Der Komiker George Carlin nannte diese Gerichte später *too funny to eat* (zu witzig zum Essen).

Was ein *inherently funny word* nun ist, wird unter Komikern heiß diskutiert, aber einige Wörter sind so einstimmig als *inherently funny* anerkannt, dass ich sie guten Gewissens weitergeben darf. Sie reichen von eigentlich normalen Wörtern – *chutney, didgeridoo, hockey puck, monkey, muffin, sombrero,* sogar *cookie* – bis hin zu den Exoten:

aardvark (Erdferkel)
balderdash (Kokolores)
bamboozle (reinlegen)
flabbergast (verblüffen)
flapdoodle (dummes Geplapper)
hoopla (Aufregung)
hullabaloo (Spektakel)
kerfuffle (Balgerei)
lollygag (Zeit verplempern)
palooka (ein Boxer, der zum Verlieren prädestiniert ist)
rigmarole (Gedöns)
rutabaga (Steckrübe)
shenanigans (Faxen, Mumpitz)
thingamajig (Dingsbums)
tiddledywinks (Flohhüpfspiel)
whangdoodle (Fantasiekreatur)
whatchamacallit (Dingsda)

Besonders interessant an dieser Liste finde ich, dass die meisten deutschen Entsprechungen ebenfalls als *inherently funny* gelten.

Viele angloamerikanische Komiker schwören auch auf Wörter mit reichlich harten Konsonanten. Ahnen Sie was? Das ist der Grund, warum sich so viele deutsche, jiddische und skandinavische Begriffe auf Listen von *inherently funny words* tummeln: angefangen bei *sauerkraut* über *putz* (jiddisch für „Dussel") bis hin zu *smorgasbord* (Sammelsurium). Und den germanischen „sch"-Laut setzen wir gern ein, wenn etwas besonders doof ist. Wir wiederholen das Wort mit einem „schm"-Laut davor: zum Beispiel *Ödipus schmödipus* als amerikanisch-pragmatische Reaktion auf europäischen Firlefanz wie die Theorien Sigmund Freuds.

Falls Sie auf einer Party punkten wollen, auf ein paar bewährte *inherently funny words* kann man sich immer verlassen:

> *I'm flabbergasted by this babushka's artsy-fartsy buttocks!*
> = Also das künstlerisch angehauchte Hinterteil dieser Tussi haut mich um.

Oder:

> *My Labradoodle was discombobulated by that hockey puck!* = Mein Labrador-Pudel war völlig durch den Wind nach seiner Begegnung mit dem Hockeypuck!

Erzählen Sie von Ihren Lieblingsspeisen: *Pudding, pumpernickel, sauerkraut and wiener schnitzel!*

Kommentieren Sie das Unterhaltungsprogramm:

> *That pip-squeak with his monkey gives me the heebie-jeebies!* = Bei diesem Winzling mit seinem Affen rollen sich mir die Zehennägel hoch!

Oder kritisieren Sie den Kellner:

> *Hey, whippersnapper, don't try to bamboozle me with this banana!* = He, du Halbstarker, versuch nicht, mich mit dieser Banane reinzulegen!

Die Aufmerksamkeit der anderen Gäste wird Ihnen gewiss sein! Allerdings möchte ich Sie der Fairness halber darauf hinweisen: Die meisten dieser Begriffe kommen ganz normalen Menschen nur unter äußersten Umständen über die Lippen.

Ein „Hä?"!
Ein Königreich für ein „Hä?"!

Ich spreche aus eigener Erfahrung, wenn ich sage: Es ist tatsächlich möglich, ein Leben lang Blödsinn zu reden, ohne dass es irgendwem auffällt. In einer Fremdsprache geht das besonders gut. Gar nicht so selten passiert nämlich Folgendes: Keiner merkt, dass Sie etwas ganz anderes sagen wollten, als der Zuhörer tatsächlich verstanden hat.

Nehmen wir Jochen in unserem New-York-Urlaub, der sich mit mir in der berühmten Bar „Bull & Bear" im Hotel „The Waldorf Astoria" treffen will. Als sein Taxi vorfährt, verkündet er dem Taxifahrer höflich: *„I would like to pay in bar."*

„In the bar?", gibt der Taxifahrer ebenso höflich zurück. „Sie können in der Bar so viel Geld ausgeben, wie Sie wollen, aber aus diesem Taxi kommen Sie nicht eher raus, bis Sie Ihren *cash* rausgerückt haben."

Der Taxifahrer machte keine Witze. Er hatte Jochens Satz verstanden – nur anders, als Jochen ihn gemeint hatte. Jochen meinte *cash*, sagte allerdings *bar*. Hätte er einen anderen Fehler gemacht, einen, der klar als Fehler erkennbar gewesen wäre, so hätte der Taxifahrer wahrscheinlich folgendermaßen reagiert: „Ach, du meine Güte! Sie sind ja fremd in New York! Wie reizend! Wiederholen Sie doch, was Sie gerade gesagt haben, und ich bin sicher, wir finden gemeinsam heraus, was Sie meinen."

Es handelt sich hier um einen typischen „getarnten Versprecher". So nenne ich diese gemeinen kleinen Begriffe, die für alle Beteiligten richtig klingen, für Sprecher und Zuhörer jedoch was ganz anderes bedeuten. Wer Fremdsprachen lernt, ist gelegentlich dankbar, wenn Muttersprachler ihn auf Fehler hinweisen. Bei „getarnten Versprechern" kriegt allerdings kein Mensch mit, dass eine Korrektur überhaupt angebracht ist. In manchen Sprachlernbüchern werden sie *false friends* genannt, weil sie sich zwar richtig anhören, dennoch nicht korrekt sind – so wie *become* sich nicht als „bekommen" übersetzen lässt.

So etwas kommt in jeder Fremdsprache vor. Jahrelang habe ich als Amerikaner auf Deutsch zum Beispiel behauptet, ich sei politisch „liberal". Dafür erntete ich regelmäßig Hohn und Spott, und nicht selten ist bei politischen Gesprächen in meiner Gegenwart bedeutungsschwanger das Wort „FDP" gefallen. Bis mich endlich jemand aufklärte: „Du meinst wohl nicht ‚liberal', sondern ‚links'." Das war schon eine Überraschung, muss ich sagen. Auf Englisch nämlich bedeutet das Wort *liberal* „links" und *left* oder *leftist* „radikaler, gewissenloser Kommunist".

Sagen Sie „momentan" und die Leute reagieren darauf, als ob Sie „eigentlich" gesagt hätten? Sprechen Sie vom „Aufstehen" und werden gefragt, ob Sie schon aus dem Bett gekommen sind? Äußern Sie lediglich Ihre Meinung, werden aber plötzlich für spirituell gehalten? Dann benutzen Sie „getarnte Versprecher", ohne es bemerkt zu haben. Nur weil keiner jemals „Hä?" gesagt hat.

Alle, die nicht rumliegen wollen, sollen rumstehen

Während der Rest der Welt sein Bett zum Liegen und Schlafen benutzt, lieben es die Deutschen, gelegentlich auf ihrem Bett herumzustehen.

Meistens frühmorgens: Sie richten sich auf und stellen sich auf das Bett. Was sie da machen, weiß ich nicht. Soweit ich feststellen konnte, nehmen sie ihr Frühstück nicht im Bett stehend ein, auch sonst scheinen sie nichts Besonderes zu tun. Zumindest könnte man das meinen, wenn man die Deutschen englisch reden hört: „*This morning I stood up at 6 a. m.*"

„*Wieso? Konntest du nicht länger sitzen?*"

„*Nein, nein*", wird dann erklärt, „*ich habe geschlafen. Then I stood up.*"

„Einfach so auf dem Bett stehen? Vor dem Kaffee? Ist das nicht anstrengend?"

Stand up hat rein gar nichts damit zu tun, sich frühmorgens aus dem Bett zu erheben. *Stand up* bedeutet einfach, sich aufrecht hinzustellen, egal, wie viel Uhr es ist und wo und wie man gerade herumlungert. Wer schläft und von seiner deutschen Frau zum *Stand up!* aufgefordert wird, rappelt sich hoch, steht dann – vermutlich im Pyjama – auf dem Bett und fragt sich: Was nu? Warum soll ich ausgerechnet hier stehen? Ist doch ein Bett.

Meine Empfehlung wäre: *get up*. Damit kommt man weiter. Es bedeutet „aufstehen" und erstreckt sich auf sämtliche morgendliche Tätigkeiten wie ins Bad schlurfen, Zähne putzen, duschen, anziehen, Kaffee machen, frühstücken, auf die Uhr gucken, in Panik geraten, aus der Tür stürzen, Auto suchen etc.

Allerdings kann man *get up* in weit weniger Situationen verwenden als das deutsche „Aufstehen".

Getting up kann man vom Bett oder vom Stuhl aus – das war's dann auch schon. *Get up if you're for Schalke* heißt nicht „Steh auf, wenn du für Schalke bist", sondern „Steig aus'm Bett, wenn du für Schalke bist". Hier muss man *Stand up if you're for Schalke* sagen.

Das deutsche „Aufstehen" hat sogar eine politische Dimension. Zum Beispiel, wenn man sich gegen Unrecht zur Wehr setzen will. Sehr schön ist das am 80er-Rock-Klassiker „Aufstehn" von Bots zu erkennen – hier kommt die Zeile vor: „Alle, die gegen Atomkraftwerke sind, sollen aufstehen." Interessanterweise ziert das Cover ein Schlafzimmer, in dem ein Mann gerade aufgestanden ist, während vor seinem Fenster auf der Straße eine Demonstration vorüberzieht. Ein Kalauer also, der im Englischen gar nicht möglich ist.

Für derartige rebellische Botschaften müssen wir im Englischen auf *stand* (aber ohne jeden Bezug zu morgendlichen Ritualen) zurückgreifen. Mit *stand* verbinden wir meistens etwas Heldenhaftes: *Make a stand* bedeutet „Widerstand leisten" oder auch „für etwas einstehen".

> Stephen Kings Roman „The Stand" erzählt von Überlebenden, die nach einer weltweiten Katastrophe gemeinsam um ihr Leben kämpfen.
>
> „I'm Still Standing" (Ich stehe immer noch) singt Elton John, um zu beweisen, dass er trotz anderslautender Vorhersagen bisher jede Krise „überstanden" hat.
>
> *„Stand up for your rights"* (Steh auf und verteidige deine Rechte) sang Bob Marley in seinem Lied „Get up, Stand up"...
>
> ... und die Beastie Boys erwiderten: „You Gotta Fight for Your Right to Party!"
>
> „Stand and Be Counted" (Steh auf und zeig, dass auch du für die gerechte Sache einstehst) sangen Crosby, Stills, Nash & Young sowie Joan Baez, Jackson Browne und zahllose andere Rockrevoluzzer, die wahrscheinlich heute noch nicht wissen, dass der Spruch zum ersten Mal vor etwa hundert Jahren in einem Ku-Klux-Klan-Lied zum Einsatz kam.

Wer zu lange bleibt, den bestraft das Leben

Ach, Jochen! Müssen wir uns denn immerzu streiten? Die schlimmste Auseinandersetzung, die wir je hatten, drehte sich um einen Sitzplatz. Es war noch während des Studiums in München, in irgendeiner schicken, neuen Bar. An der Theke saßen zwei junge Damen. Neben ihnen: ein freier Hocker. Nur einer von uns konnte sitzen, der andere musste stehen. Und eines war natürlich klar: Derjenige, der saß, hatte mit seinem Privileg die heilige, unabdingbare Verpflichtung, die Damen anzusprechen.

Nun ist Jochen unter weniger bedrohlichen Umständen eher selbstsicher, teilweise sogar anmaßend. Doch in Anwesenheit schöner Frauen wird er schüchtern wie ein Kind. Er saß da wie versteinert und brachte kein Wort über die Lippen – die Damen kicherten schon. Ich sah unsere Chancen schwinden. Endlich machte er einen Vorschlag, der mich noch mehr verwirrte: *„You sit, I will stay."*

„Wenn du bleibst, wo du bist, wo soll ich dann sitzen?"

„No, no", flüsterte er eindringlich, *„you do not understand – I stay, you sit."*

Es war spät. Wir waren beide ein wenig angetrunken. Und die Damen rollten schon mit den Augen in dieser frustrierend genüsslichen Art, die Frauen an sich haben, wenn sich Männer vor ihnen zum Deppen machen. Ich bestand darauf, dass Jochen aufstand, er beharrte darauf zu bleiben. Wir wurden lauter, bis er endlich auf Deutsch sagte: „Herrgott noch mal, verstehst du denn gar nichts? Du sitzt, ich stehe."

„Warum hast du das nicht gleich gesagt?", zischte ich ihn an.

„Das habe ich doch gesagt! *You sit, I stay!"*

„Du bist ein Idiot! *I stay* heißt ‚Ich bleibe'!"

„Du bist der Idio ... Verdammt! Wo sind die beiden Hübschen?"

Die Hübschen waren weg. Ich wusste nichts mehr zu sagen als: *„Now we can both sit."*

Stay heißt nicht „stehen", sondern „bleiben". Jeder weiß das, auch Jochen. Allerdings hören sich die Begriffe so ähnlich an, dass man sie im Eifer des Gefechts gerne mal verwechselt. Denken Sie an das Lied „Stay – Just a Little Bit Longer" von Maurice Williams and the Zodiacs (beziehungsweise von The Hollies, Jackson Browne und aus „Dirty Dancing"), in dem der damals 15-jährige Williams tapfer versuchte, ein Mädchen zum Bleiben zu bewegen:

> *„Well your mama don't mind (bop-bop-shu-waddah-wah)*
> *And your papa don't mind (bop-bop-shu-waddah-wah)*
> *If we have another dance,*
> *Just one more time*
> *Oh won't you stay,*
> *just a little bit longer?"*
> (Also deine Mutter hat nichts dagegen,
> und dein Papa hat nichts dagegen,
> wenn wir noch einmal tanzen,
> nur einmal noch.
> Oh, bitte bleib noch ein bisschen länger.)

Stellen Sie sich vor, Williams hätte gesungen:

> *„Oh won't you stand,*
> *just a little bit longer?"*

Das hätte doch geklungen, als ob das Mädchen zu betrunken gewesen wäre, um noch gerade stehen zu können. So werden keine Hits gemacht, Junge.

Ich bin so fertig

Warum sind die Deutschen nur immer „fertig", Angloamerikaner dagegen stets „bereit"? Als ich mit Charlotte zusammen-
kam, hatten wir mindestens einmal die Woche folgendes Spielchen am Laufen: Ich hatte damals eine Redaktionsstelle und
konnte das Büro erst verlassen, wenn das Blatt „fertig" war. Ausgerechnet an solchen Tagen rief sie mich von ihrer Arbeit aus an
und fragte: „Gehen wir heute Abend ins Kino? Wann kommst du
nach Hause?"

„Wir sind hier noch lange nicht fertig", entgegnete ich würde-
voll auf Deutsch.

Was dann folgte, ist weniger wichtig, aber am Ende des Tele-
fonats hatten wir beide den Eindruck, dass ich ein Versager war.
Wenn ich dann doch fast rechtzeitig nach Hause kam und
gerade genug Zeit blieb, ins Kino zu gehen, war Charlotte noch
im Bad.

Jetzt fühlte sie sich wie eine Versagerin, während ich immer
wieder an die Tür zum Bad hämmerte – bis sie rausstürmte,
Mantel und Tasche ergriff und schrie: *„I'm finished! Let's go!"*

Auf Deutsch kann „fertig" einerseits eine abgeschlossene
Aufgabe bezeichnen – wenn die Zeitung „fertig" ist, ist die
Arbeit erledigt –, andererseits kann „fertig" auch bedeuten, dass
ein Vorhaben endlich losgehen kann: Erst wenn eine Frau „fertig" ist, kann der Abend beginnen.

Auf Englisch ist es anders: *Finished* bezeichnet nur eine Situation, die abgeschlossen ist, und sonst gar nichts. Man ist nie
„fertig zum Gehen", sondern ganz einfach „bereit": *ready*. So wie
finished in die Vergangenheit weist, deutet *ready* in die Zukunft:

> *Dinner is ready.* = Essen ist fertig.
> *Dinner is finished.* = Abendessen ist vorbei.

Tell the taxi to wait – I'm not ready. = Lass das Taxi warten, ich bin noch nicht fertig.
She's getting ready – it can't take more than an hour. = Sie macht sich gerade fertig. Es kann nicht länger als eine Stunde dauern.
I'm ready for action! = Bin klar zum Gefecht!
Ready, set, go! = Auf die Plätze, fertig, los!

HEAVY

Nimm's nicht schwierig

„*It's too heavy for me*", sagte meine schöne Nachbarin verlegen. Meine Nachbarin kann perfektes Englisch und spricht es auch gern, aber ab und zu sagt sie Dinge, die einfach rätselhaft klingen. So wie jetzt – sie hielt gerade einen Zauberwürfel in der Hand.

„Gib her", sagte ich und nahm ihn ihr ab. Er konnte nicht mehr als eine Tafel Schokolade wiegen. „Ist doch ganz leicht." „Nicht schwer, Doofmann", sagte sie und rollte mit den Augen, „*heavy.*"

Als ich mir ansah, wie das Ding verdreht war, wurde mir klar, mit *heavy* meinte sie nicht *heavy*, sondern *difficult*. „*You see?*", sagte ich, nachdem ich den Würfel im Nu gelöst hatte: „*It's not difficult.*"

„*I see*", sagte sie, leicht eingeschnappt, „*the only one difficult here is you.*"

Weshalb die Deutschen zwischen einem schweren Gewicht und einem schweren Rätsel keinen Unterschied machen, ist mir wiederum ein Rätsel. Für uns englische Muttersprachler sind körperliche und geistige Anstrengungen zwei Paar Schuhe. Ein großer Stein ist *heavy* – ein Matheproblem ist *difficult*. Beim Gegensatz unterscheiden wir ebenfalls:

Ein kleiner Stein ist *light*, ein leichtes Rätsel *easy*.

Hier ist eine *difficult* philosophische Frage, die mit *heaviness* zu tun hat:

> *If God can do anything, can he create a stone so heavy even he cannot lift it?* = Wenn Gott allmächtig ist, kann er einen Stein erschaffen, der so schwer ist, dass er ihn selbst nicht heben kann?

Die Antwort auf diese *difficult* Frage ist übrigens: Ja. Oder will mir einer das Gegenteil beweisen?

HEAVEN

Mami, Mami, regnet es im Himmel?

Apropos Gott. Dass die Deutschen ein tief religiöses Volk sind, wird vielleicht sogar die Deutschen überraschen. Doch denken Sie mal nach: Jedes Mal, wenn Sie nach oben schauen, schauen Sie in den Himmel. Jedes Mal, wenn Sie in ein Flugzeug steigen, fliegen Sie am Himmel. Wir anderen müssen brav sein und warten, bis wir tot sind, bevor wir den Himmel sehen – die Deutschen sehen ihn täglich. Na ja, meist ist es ein sehr bewölkter Himmel, so dunkel, windig und nass wie in Deutschland habe ich mir den Himmel ehrlich gesagt nie vorgestellt, aber immerhin ist er ganz nah.

Wenn wir englischen Muttersprachler nach oben gucken, sehen wir nicht den Himmel, sondern *sky*. Das ist der Raum über unseren Köpfen – da fliegen die Flugzeuge, Raketen, Tauben und *text messages* hindurch. *Heaven* dagegen ist ein Ort, den man weder sehen noch verorten kann. Vom „Himmel" sprechen wir, wenn wir von Gott reden.

> *Lift your voices to heaven.* = Erhebt eure Stimmen zum Himmel.

in seventh heaven = im siebten Himmel
Good heavens! = Ersatzfluch für „Großer Gott!"

Oder auch, wenn uns die Muse küsst wie in dem Gedicht „Pippa Passes" von Robert Browning aus dem 19. Jahrhundert, dessen Zeilen *God's in his heaven* und *All's right with the world* heute noch geflügelte Worte sind:

> *„The year's at the spring,*
> *And day's at the morn;*
> *Morning's at seven;*
> *The hillside's dew-pearled;*
> *The lark's on the wing;*
> *The snail's on the thorn:*
> *God's in his Heaven –*
> *All's right with the world!"*
> (Das Jahr steht im Frühling und der Tag im Morgen;
> der Morgen auf sieben; der Berghang in Tauperlen;
> die Lerche ist im Fluge; die Schnecke auf dem Dorn:
> Gott ist im Himmel – mit der Welt ist alles in Ordnung!)

Nun, wir leben nicht mehr im 19. Jahrhundert, und viele Menschen von heute halten Gott im Himmel für eine altmodische Idee. Allerdings sind sie da ein bisschen wie die Briten, die nichts auf ihre Demokratie kommen lassen – aber dafür gleich die Queen rausschmeißen? So ähnlich ist es bei uns. Selbst wenn wir nicht mehr daran glauben, sind wir trotzdem noch von Gottes Wohnung fasziniert. Neben *love*, *happy*, *together* und *tonight* ist *heaven* eines der häufigsten Wörter in Liebesliedern überhaupt. Wer in einem Popsong verliebt ist, scheint unentwegt in *heaven* zu sein, allen voran Fred Astaire, der in dem Musical „Top Hat – Ich tanz mich in Dein Herz hinein" mit Ginger Rogers tanzte und „Cheek To Cheek" sang:

„Heaven, I'm in heaven,
And my heart beats so that I can hardly speak,
And I seem to find the happiness I seek
When we're out together, dancing cheek to cheek."
(Himmel, ich bin im Himmel,
und mein Herz schlägt so sehr, dass ich kaum sprechen
kann, und es scheint, als hätte ich das Glück gefunden,
nach dem ich suchte, wenn wir zusammen ausgehen
und Wange an Wange tanzen.)

Queen sang „Heaven for Everyone", die Los Lonely Boys fragten
„How Far is Heaven"? Eric Clapton sang über „Tears in Heaven".
Johnny Cash wollte wissen „Will You Meet Me in Heaven"? Led
Zeppelin besang eine „Stairway to Heaven" – vermutlich mit
sehr vielen Stufen. Und einer Band war die Bezeichnung *seventh
heaven* nicht genug, sie nannte sich gleich Heaven 17. Was würden die großen Sprücheklopfer ohne *heaven* anfangen? *Heaven*
erlaubte es beispielsweise Mark Twain, auf den merkwürdigen
Umstand hinzuweisen, dass unartige Leute interessanter sind
als die artigen:

„Go to Heaven for the climate, Hell for the company." = Besuch den Himmel des Klimas wegen und die Hölle der
Gesellschaft wegen.

Doch der Himmel muss nicht zwingend langweilig sein, meinen
zumindest moderne Autoren:

*„Las Vegas looks the way you'd imagine heaven must look at
night."* = Las Vegas sieht aus, wie man sich den Himmel
bei Nacht vorstellen könnte. (Chuck Palahniuk, Autor
von „Fight Club")

Selbst wenn wir uns *heaven* nur einbilden, kann das nicht auch eine gute Sache sein? So der Philosoph Ralph Waldo Emerson:

> „*To different minds, the same world is a hell, and a heaven.*"
> (Für verschiedene Menschen kann dieselbe Welt Himmel und Hölle sein.)

Manchmal aber ist der traditionelle Blick auf den Himmel der schönste, wie in dieser Redewendung der Inuit:

> „*Perhaps they are not stars, but rather openings in heaven where the love of our lost ones pours through and shines down upon us to let us know they are happy.*"
> (Vielleicht sind es keine Sterne, sondern Öffnungen im Himmel, durch die sich die Liebe derjenigen ergießt, die wir verloren haben, und auf uns herunterscheint, damit wir wissen, dass sie glücklich sind.)

ACTUAL

Meine Liebe könnte nicht aktueller sein

Schon erstaunlich, was man mit „getarnten Versprechern" alles anrichten kann. Es soll Menschen geben, die aufgrund eines Missverständnisses geheiratet, eine Familie gegründet und ihr Glück gefunden haben. Bei mir war es genau umgekehrt. Ich kann aus bitterer Erfahrung berichten, dass ich nie wieder einer Deutschen eine Liebeserklärung machen werde, in der das Wort *actual* vorkommt. Lang ist es her – ich war jung und unerfahren sowohl in der Liebe als auch im Deutschen –, aber ich liebte meine allererste deutsche Freundin Steffi sehr. Ich lernte sie auf einer Unifete in München kennen, als sie gerade Jochen abblitzen ließ. Es war eine dieser Beziehungen, in denen man sich ständig neckt. Ich machte mich gerne über ihre stets verschiedenfarbigen Socken lustig, und sie tadelte gutmütig meine Farbenblindheit. Eines Tages reichte mir das nicht mehr. Ich wollte sie heiraten und für immer mit ihr zusammen sein:

„Steffi, I used to pretend that I don't care, but actually I love you." (Ich tue immer so, als ob es mir egal sei, aber in Wahrheit liebe ich dich.)

Sie schaute mich spöttisch an: „Ach ja? Aktuell liebst du mich also? Liebe ist für dich wohl etwas, was man an- und ausknipsen kann wie eine Nachttischlampe?"

„But Steffi, I'm serious! I actually do love you!" (Ich mein's ernst! Ich liebe dich wirklich!)

„Was für eine billige Nummer." Sie schüttelte den Kopf. „Nicht mit mir, Baby. Leck mich am Arsch."

Es dauerte Jahre, bis mein gebrochenes Herz geheilt war. Erst später, als ich besser Deutsch konnte, begriff ich endlich, was sie verstanden hatte: Nicht „Ich liebe dich wirklich", sondern „Ich liebe dich momentan". Das englische Wort *actual* klingt nämlich wie das deutsche „aktuell", hat jedoch eine ganz andere Bedeutung: *actual* oder *actually* heißt „eigentlich", „genau genommen", „wirklich". Beispielsweise was die Uhrzeit betrifft:

> *We had a date for eight o'clock, but Eric didn't actually get there until nine.* = Wir waren für acht Uhr verabredet, aber Eric hat es genau genommen nicht bis neun geschafft.

In diesem Sinnzusammenhang kleben die Briten *actually* gerne ans Ende mancher Sätze:

> *Thank you so much for your ephemeral love, but I'd prefer a real relationship, actually.* = Danke für deine flüchtige Liebe, aber genau genommen ziehe ich eine echte Beziehung vor.

Als ich zu Steffi sagte *I actually love you,* hieß das also „Ich liebe dich wirklich". Ach, hätte sie das nur gewusst!

EVENTUAL

Eigentlich nicht, aber eventuell schon

Viele Jahre, nachdem Steffi meine Liebeserklärung in den falschen Hals gekriegt hatte, sahen wir uns zufällig auf einem Unitreffen wieder und lachten über die alten Zeiten. Und dann erfuhr ich von einer Geschichte, die alles wieder wettmachte ...
Sie war inzwischen nach Boston gezogen und hatte sich auf der Arbeit Hals über Kopf in einen Typen verguckt. Allerdings arbeitete er in einer anderen Abteilung – sie trafen sich immer nur im Aufzug, und Steffi hatte noch keinen Weg gefunden, ihn anzusprechen. Doch eines Tages befand sie sich drei Stockwerke lang allein mit ihm im Fahrstuhl und dachte sich: jetzt oder nie.

„*We could eventually get together*", sagte sie zu ihm.

„*I'd like that*", meinte er mit einem Schmunzeln, und ihr Herz raste schon. „Sagen wir, in einem Jahr? Oder in zwei Jahren? Ich weiß nicht, wie weit ihr Deutschen im Voraus plant. *Let's say, we'll get together if I'm not married and have five children by then.*"

Ihr sank der Mut: „*No no, I mean after work.*"

„*Oh! After work!*"

„*Yes, yes ... eventually?*"

Er runzelte die Stirn: „*After work eventually?*" So sehr er sich auch anstrengte, ihm fiel keine Antwort ein. Außerdem musste er aussteigen. „*I will think about it and eventually I will let you know my answer*", sagte er, und schon hatte sie ihre Chance vertan.

Während „eventuell" auf Deutsch „vielleicht" heißt, benutzen wir es im Englischen ganz anders. Es bedeutet „letzten Endes", „schließlich", „eines fernen Tages".

> *Eventually, Leonardo DiCaprio will get tired of his 25-year-old lover.* = Eines Tages wird Leonardo DiCaprio seiner 25-jährigen Geliebten schon noch überdrüssig werden.

If we just keep kicking the ball in the right direction, eventually we'll score a goal. = Wenn wir nur immer wieder den Ball in die richtige Richtung treten, werden wir das Tor schließlich treffen.

Grandpa will eventually fall asleep and we (forget our homework and) play „Call of Duty" again. = Letzten Endes wird Opa einschlafen, dann können wir (unsere Hausaufgaben sein lassen und) wieder „Call of Duty" spielen.

Was Steffi sagen wollte, war *maybe* oder *possibly*.

Eventuell könnten wir nach der Arbeit mal zusammen ausgehen. = *Maybe we could have a drink after work sometime.*

„Steffi", sagte ich und schüttelte den Kopf, „*possibly you should rethink your romantic tactics towards men.*"

„*Actually, you could be right*", seufzte sie.

MEAN

Was meinen Sie mit „Ihrer Bedeutung"?

Sie stand allein an der Bar. Sie war jung und hübsch. Ich war immerhin auch jung. Und ich wollte Jochen beweisen, dass es gar nicht so schwer ist, eine Frau anzusprechen. Also lächelte ich sie an und startete die charmanteste Anmache, die ich im Repertoire hatte: „Na, was meinst du – wie stehen meine Chancen bei dir?"

Mit einem ebenso bezaubernden wie arroganten Lächeln antwortete sie mir auf Englisch: „*I mean you don't have any chance at all.*"

Ich war von den Socken. Was meinte sie bloß damit? Der Satz hörte sich so bedeutungsschwanger wie rätselhaft an – vor allem wegen des kleinen Wörtchens *mean*. Es hat viele Bedeutungen, viel zu viele, die Auswahl überfordert einen. Wollte sie vielleicht sagen, dass sie „etwas vorhatte"? *Mean to* heißt „vorhaben":

> *I didn't mean to hurt you.* = Ich hatte nicht vor, dir wehzutun.

Im Hinblick auf die Vergangenheit handelt es sich oft um ein Vorhaben, aus dem nichts wurde:

> *I meant to call you and invite you over for a drink, but I was already drunk.* = Ich hatte vor, dich anzurufen und auf einen Drink zu mir einzuladen, aber ich war schon betrunken.

Ich hakte nach: „Sie meinen also damit, Sie hatten schon die ganze Zeit vor, mich anzusprechen, kamen aber bis jetzt nicht dazu?"

„*No*", sagte sie, „*I mean you don't have any chance at all.*"

Moment mal! Sie musste Mathematikerin sein!

Mean bedeutet nämlich auch „Mittelwert". Was der Unterschied zwischen *mean* (Mittelwert) und *average* (Durchschnitt) ist, weiß ich nicht, aber auf jeden Fall hat *mean* etwas mit Statistik zu tun:

> *The mean annual income in Germany is higher than in most other countries, but not as high as Eric's debts.* = Das mittlere Jahreseinkommen in Deutschland ist höher als in den meisten anderen Ländern, aber nicht so hoch wie Erics Schulden.

Es ist zwar etwas ungewöhnlich, dass eine Frau in einer Kneipe einen Satz mit den Worten „Ich Mittelwert" beginnt, doch es wäre nicht das erste Mal, dass eine Frau etwas sagt, was ich nicht verstehe. Also antwortete ich mit dem einzigen Spruch, auf den Wissenschaftlerinnen meines Wissens nach abfahren:

„Baby, lass mich die Bruchteile der Sekunden ausrechnen, bis ich mit 99-prozentiger Wahrscheinlichkeit bei dir lande."

„*No*", sagte sie, „*I mean you don't have any chance at all.*"

Also keine Mathematikerin. Ich rätselte weiter. Vielleicht wollte sie mich mit *mean* ja vorwarnen, dass sie ein echt gemeiner Mensch sei? *Mean* heißt schließlich auch „gemein" im Sinne von „niederträchtig". Zum Beispiel:

> *Breaking off our relationship with a text message was mean.*
> = Unsere Beziehung mit einer SMS zu beenden war gemein.

„Keine Sorge", sagte ich kompromissbereit, „selbst ich kann gemein sein, wirklich! Ich würde mir besondere Mühe geben!" Ich beugte mich vor und flüsterte: „Ich weiß nichts von S/M, aber ich bin lernfähig, oh Herrin."

„*No*", antwortete sie abermals, „*I mean you don't have any chance at all.*"

Endlich hatte ich es kapiert. Mit *I mean* meinte sie „Ich bedeute". Denn das ist die häufigste und wichtigste Bedeutung von *mean*. Wenn Sie wissen wollen, was das Wort *mean* heißt, fragen Sie: *What does „mean" mean?* Sie würden folgende Antwort bekommen: *It means „mean"*. (Es bedeutet „bedeuten".)

Der Monty-Python-Film „The Meaning of Life" wird übersetzt mit „Die Bedeutung des Lebens" – oder wie man auf Deutsch sagt „Der Sinn des Lebens". Genau das wollte mir die Dame sagen: Sie bedeutet. Da wusste ich, dass ich geschlagen war. Ich dachte, ich hätte eine ganz normale Frau aufgegabelt, und mit einer ganz normalen Frau hätte ich auch was anfangen können – selbst mit einer Sadomaso-Mathematikerin, man gewöhnt sich an alles. Aber eine mit Bedeutung? Stellen Sie sich vor, Sie begegnen Buddha in einer Kneipe und wollen ihn abschleppen. Glauben Sie wirklich, Sie kommen mit Buddha im Bett zurecht? Mit den Worten „*Life is so meaningless*" schlich ich mich davon. Erst später wurde mir klar – die Dame war Deutsche!

Die Deutschen stehen nämlich sehr oft im Irrglauben, *mean* hieße „meinen". Stimmt nicht. Es gibt zwar Fälle, in denen *mean* sehr ähnlich eingesetzt wird, dennoch heißt *mean* immer „bedeuten".

Aber was hätte die Dame an der Bar denn nun sagen sollen? Sie wollte ja ausdrücken: Ich meine, Sie haben keine Chance. Wie sagt man das? Man sagt es nicht. Auf Englisch sagt man seine Meinung ganz anders.

OPINION

Ich denke, das ist meine Meinung

Die Deutschen lieben ihre Meinung, wie sie ihren Kaffee und Kuchen lieben (und das nicht zu Unrecht, zumindest was den Kuchen angeht). Erwischt man einen Deutschen einmal ohne Meinung, ist das schlimmer für ihn, als ihm nackt auf offener Straße zu begegnen. Hierzulande spricht man von seiner Meinung wie eine Braut von ihrem frischgebackenen Ehemann. Ich wäre nicht sonderlich überrascht, demnächst zu hören: Und das ist nicht nur meine Meinung, es ist auch die Meinung meiner Meinung.

Englische Muttersprachler haben zwar ebenfalls eine Meinung – unsere *opinion* –, aber wir ziehen es vor, dass sie sich nicht aufspielt wie der Herr im Haus. Sätze wie die folgenden sind zwar grammatisch korrekt, wir sagen sie jedoch kaum:

> *I am of the opinion that ...* = Ich bin der Meinung, dass ...
> *In my opinion ...* = Meiner Meinung nach ...

Im Gegenteil: Wir haben sogar ein Wort für jemanden, der zu viel Wert auf seine eigene Meinung legt:

> *He is opinionated.* = Er ist rechthaberisch beziehungsweise er hat zu viel Meinung.

Während der Deutsche seine „Meinung" kundtut, stellt der Angloamerikaner eher seine „Gedanken" zur Verfügung:

> Meiner Meinung nach verdirbt TikTok eine ganze Generation tanzender Teenies und sollte verboten werden. = *I think TikTok is ruining an entire generation of dancing teens and should be banned.*

Klingt das nicht gleich viel weniger angriffslustig, sondern nachgerade elegant?

Vielleicht hängt es mit der englischen Korrektheit zusammen – ständig eine Meinung zu haben, ist uns einfach zu … unhöflich.

> Meiner Meinung nach haben Sie keine Ahnung, wovon Sie reden. = *I think you don't know what you're talking about.*

Hierzulande hat man nicht nur zu allem eine Meinung, man glaubt auch dauernd irgendwas.

BELIEVE

Ich will glauben … denke ich

Die Deutschen gehen zwar ungern in die Kirche und stehen auch sonst jeder Art von organisierter Religion skeptisch gegenüber, aber „glauben" tun sie allemal. Ich bin immer wieder erstaunt, wie oft, wie viel und an was sie alles glauben.

> Mein Chef glaubt, dass ich krank bin.
> Meine Frau glaubt, dass ich länger arbeite.
> Mein Mann glaubt, dass ich zu Hause auf ihn warte.

Ich will Ihr Weltbild ja nicht auf den Kopf stellen, doch es stimmt: Die Deutschen haben einen starken Glauben – wogegen wir Angloamerikaner eher zum „Denken" neigen. Hier ist der Beweis:

> *My boss thinks I'm sick.*
> *My wife thinks I'm working late.*
> *My husband thinks I'm waiting at home for him.*

Bei uns ist „Ich glaube" nämlich ein quasireligiöses Bekenntnis. Wir glauben an Gott, wir glauben an unser Land, an die Zukunft, an den Erfolg, aneinander, an uns selbst, aber nicht daran, dass England gegen Deutschland gewinnt.

Wenn Sie *believe* im Sinne von „glauben, dass ..." einsetzen, klingt das für unsere Ohren seltsam. Sagen Sie zum Beispiel *My boss believes I'm sick*, dann hören wir: „Mein Chef ist einer Sekte beigetreten, die dem Irrglauben anhängt, dass ich krank sein muss."

„Glauben" ist für uns viel zu romantisch, mystisch oder spirituell, als dass wir es für alltägliche Kleinigkeiten benutzen würden:

> *I want to believe.* = Ich will glauben. (Spruch aus der TV-Serie „Akte X")
> *Do you believe in magic?* = Glaubst du an Magie? (Auch der Titel eines Liebeslieds von The Lovin' Spoonful)
> *You have to believe me.* = Du musst mir glauben. (Ein Spruch, der mit Vorliebe aus verzweifelten Ehemännern herausbricht, immer dann, wenn sie ganz genau wissen, nie im Leben wird sie ihm das hier glauben.)

SNORING

Hör auf zu schnorcheln!

Wo gerade von „getarnten Versprechern" die Rede ist, muss ich der Fairness halber anfügen, dass man Sie manchmal nicht darauf hinweisen wird, wenn Sie ein englisches Wort völlig falsch verwenden – obwohl Ihr Gegenüber es bemerkt hat. Vielleicht aus übertriebener Höflichkeit, möglicherweise gar aus Bosheit.

Aber oft auch einfach deswegen, weil das falsche Wort um Klassen besser klingt.

Meine Freundin Charlotte hat einen kleinen Bruder namens Fritz, der Amerika cool findet und deshalb öfters mal Englisch mit mir spricht. Seinen Schulausflug zu einer Jugendherberge auf Rügen beschrieb er auf folgende rätselhafte Weise:

„I wanted to sleep in the room with Kevin and Tanja, but I could hear Kevin snorking from outside the door. So I went to another room, and I listened outside the door first to see if anyone was snorking inside. Two students were sleeping in there, and they were usually always snorking, but I didn't hear anything, so I slept there. The next morning I asked Tanja if it didn't bother her that Kevin was snorking, but she said she didn't notice. Do you think I was only imagining all that snorking?"

Die wildesten Gedanken schossen mir durch den Kopf. Was ist *snorking*? Fritz war 16 – es konnte sich also nur um irgendeine Art von Sex handeln. Die Briten sagen *snogging* zu heftigem Küssen; wenn Amerikaner sehr grob über Sex reden, sagen sie *porking* (*pork* heißt Schweinefleisch – Sie können sich also vorstellen, was damit gemeint ist). Sollte *snorking* eine Kombination aus heftigem Küssen und deftigem Sex sein? Ich wollte gerade anmerken, dass die Jugend von heute es sehr viel besser hat als damals zu meiner Zeit, da führte mir Fritz aus tiefster Kehle hörbar vor, was *snorken* war. Aha ... er meinte „schnarchen".

Da machte ich einen großen Fehler. Ich klärte ihn freundlich auf, dass es das Wort *snorking* nicht gibt und man auf Englisch *snoring* sagt. Fritz lernte schnell: Er benutzte das Wort nie wieder. Eben das bedaure ich heute. *Snorking* ist nämlich ein schönes Wort. Es trifft das Schnarchgeräusch viel besser, finde ich. Ich würde es gerne ab und zu hören, selbst wenn es nicht richtig ist. Wer weiß, vielleicht hätte es sich eines Tages durchgesetzt? Jedes Wort hat mal klein angefangen. Inzwischen überlege ich es mir zweimal, wenn ein Deutscher sagt: „Korrigiere mich ruhig, ich will perfektes Englisch lernen."

Du bist **kein Rapper**
– und andere
Missverständnisse

Vor ein paar Jahren lief in einem Privatsender ein großer Fernseh-film über die Berliner Luftbrücke. Die Produktion war unter anderem deswegen interessant, weil die deutschen Filmemacher sich etwas trauten, was bisher nur in Hollywood gang und gäbe ist: Sie besetzten die amerikanischen Figuren mit deutschen Schauspielern, die durchgehend deutsch sprachen – ähnlich der US-Kriegsfilme, in denen die Nazigrößen immer englisch reden.

Es war ein tolles Experiment und wäre in meinen Augen bei-nahe gelungen, wenn es nicht diese eine Szene gegeben hätte. Darin verschaffte sich ein amerikanischer General namens Philipp Turner, dargestellt von Heino Ferch, während eines hitzigen Gesprächs mitten in einer vollbesetzten Halle Gehör, indem er unvermittelt die Pistole zog und in die Luft schoss. Keinem mei ner deutschen Freunde fiel die Szene besonders auf – mir und anderen Amerikanern allerdings schon. Diese „John Wayne schießt jetzt in die Luft"-Szene gehört zum Kanon der Westernmythen, die US-Armee aber ist kein Mythos. Jeder Ami hat irgendwelche Angehörigen in der Armee sowie Väter oder Großväter, die im Zweiten Weltkrieg gedient haben und heute noch davon erzählen – sofern sie noch leben. Die strengen Regeln und übertriebene Bürokratie, die in der Armee herrschen, sind legendär und werden oft persifliert. Daher weiß ein jeder, dass jemand, der in einer Menschenmenge mit der Pistole rumballert, innerhalb weniger Sekunden niedergerungen, verhaftet und vor ein Militärtribunal gestellt würde.

Nur die deutschen Filmemacher wussten das nicht – für sie war das alles eins, ob nun Western oder historischer Kriegsfilm. Manchmal ist es schon merkwürdig: Hierzulande ist man so gut über die englischsprachige Welt informiert, dass alles, was in Western, US-Krimis und Hip-Hop-Musik gesagt und getan wird, bereits zur Alltagskultur gehört – nur zugeordnet wird nicht immer alles richtig. Zu den hauptsächlichen Missverständnissen gehören die feinen Unterschiede zwischen echter Sprache und Slang, die Stellung der Sprache beim englischen Adel im 21. Jahrhundert und dass wir nicht zu jedem „Du" sagen, dem wir auf offener Straße begegnen.

YOU

Sie können „Ihr" zu mir sagen

„Ich kann dir sagen, was in diesem Land schiefläuft", erklärte mir Fritz mit jener selbstgewissen Art, die jungen Leuten eigen ist. Wir saßen in der Kneipe gegenüber, Charlotte war schon nach Hause gegangen. Mittlerweile hatten wir genug Bier intus, um hemmungslos großartige philosophische Theorien zu entwickeln, ohne sie vorher genau überdacht zu haben.

„Es liegt alles an der Sie-Sprache!", meinte er. „Das ist so eine Art künstliche Barriere. Sie macht aus echten, fühlenden Menschen Roboter. Ihr Amis habt es da viel besser. Ihr sagt immer nur ‚Du' zueinander, da können gar keine falschen Hierarchien entstehen."

Ich habe zwar nichts dagegen, wenn mir gesagt wird, meine Heimat sei ein Paradies an Menschlichkeit – egal, wie besoffen derjenige ist, der es sagt. Trotzdem muss ich an dieser Stelle ein oder zwei Missverständnisse klarstellen. Wir Angloamerikaner haben keine Du-Anrede. Im Gegenteil, unser *you* ist eine Form der Sie-Anrede. Fritz war schockiert, das zu hören.

In grauer Vorzeit hatten auch wir noch ein „Du". *Thou* sagten wir in den guten alten Tagen des Mittelalters. Wenn der Fürst den Bauern ansprach, hörte es sich so an:

> *Thou art a swine, go roll in the mud.* = Du bist ein Schwein, geh, wälze dich im Schlamm.

Der Bauer antwortete natürlich nicht mit dem familiären „Du" – wo kämen wir denn da hin? –, sondern mit dem formellen „Ihr":

> *As ye wish, milord, God bless you.* = Wie Ihr wollt, mein Herr, Gott segne Euch.

Ebenso hielten es auch die Adeligen untereinander, wie man das noch aus alten Robin-Hood-Filmen kennt: „Ihr müsst wissen, Eure Hoheit, ich gedenke, Euch im Tower einzusperren, bis Ihr eine Mahlzeit für die Ratten seid, mit Verlaub."

Genau wie der deutsche Bauer im Mittelalter seinen Herrn mit „Ihr/Euch" ansprach, so nannte der englische Bauer seinen Herrn *ye* und *you*. Damals waren *ye* und *you* also die formelle Anrede, genau wie heute die Sie-Anrede.

Es ist wahr: Der alte Witz „*Can I say ‚you' to you?*" heißt, ins Deutsche zurückübersetzt, also nicht „Kann ich du zu dir sagen?", sondern eigentlich: „Kann ich ‚Ihr' zu Euch sagen … Milord?"

Irgendwann kam uns das Ganze reichlich lächerlich vor. Warum gleich zwei Anreden, wenn eine reicht? Schnell kam die Frage auf: Wer soll nun seine Anrede aufgeben, der Fürst oder der Bauer? Falls am Ende jeder jeden nur noch mit dem familiären *thou* anreden würde, wie sollte der Bauer seinen Gebieter überhaupt noch respektieren können? Das ging gar nicht. Also ließ man das intime *thou* beiseite und blieb beim formalen *ye* beziehungsweise *you* für alle. Mit der Zeit fiel das *ye* ebenfalls weg und übrig blieb nur noch *you*. Angloamerikaner sprechen einander also nicht mit einem intimen „Du" an, sondern mit dem respektvollen, distanzierten „Ihr/Euch".

Das ist auch die Ursache für eine weitere Eigenart der englischen Sprache, die die Deutschen oft durcheinanderbringt: Weil *you* bei uns in der Einzahl und Mehrzahl verwendet wird, können wir so schöne Sätze wie „Ey, ihr könnt mich alle mal" auf Englisch gar nicht mehr sagen. Ob wir einen oder viele meinen, es klingt immer gleich: *Hey, you can kiss my ass.* Tja, dumm gelaufen.

Heute macht uns das nichts mehr aus. Wir merken es ja nicht. Für uns ist *you* gleichzeitig Einzahl und Mehrzahl. Da sind wir flexibel. Will ein Vater nur seinen Sohn oder seinen Sohn und seine Tochter zugleich ansprechen, es bleibt ihm einzig und allein *you*:

> Ihr missratenes Gesocks! Macht jetzt euer Zimmer sauber! = *You rotten riffraff! Clean up your room!*

Allerdings ist das für die Deutschen sehr unbefriedigend. „Aber wie merken sie, wenn ich mehr als nur einen ansprechen will?", fragt man mich oft. Na gut, ich gebe zu, in einzelnen Fällen gibt es schon eine Art Mehrzahl. Manchmal behilft sich der Brite mit *you lot* (Ihr Leute). In einigen Regionen der amerikanischen Südstaaten sagt man *you all* beziehungsweise *y'all* (all Ihr Leute). Leider aber dürfen nur echte Briten oder Südstaatler solche Begriffe in den Mund nehmen und das auch nur in bestimmter

Gesellschaft, zum Beispiel auf einem Barbecue im tiefsten Texas. Sorry!

Dann gibt es das modernere *you guys* oder einfach *guys*. Das sagt man in einer Gruppe von Kumpels:

> *Hey guys, let's grab a pizza.* = Hey Leute, holen wir uns doch eine Pizza.

Allerdings kann man seinen Chef, ältere Herrschaften, Damen, Fremde oder überhaupt Leute in einer formalen Situation schlecht als *you guys* bezeichnen. Sie ahnen es schon – es gibt keine Rundum-Lösung. Wir müssen uns wohl oder übel damit abfinden, dass wir keine Ihr-Mehrzahl mehr haben und alles aus der Situation heraus einschätzen. Wenn es unbedingt nötig ist, muss man es eben mit zusätzlichen Worten deutlich machen: *You rotten riffraff! Clean up your room! Yes, I mean the both of you!*

Im Übrigen geistert das *thou* – ehemals unser „Du" – immer noch rum. Alte Sprüche halten es lebendig. *Holier than thou* (heiliger als du) zum Beispiel beschreibt jemanden, der unausstehlich selbstgerecht ist, wie etwa ein mülltrennender, jutetütetragender, friedensbewegter, Plastikspielzeug ablehnender, veganer Moralapostel:

> *He's so holier-than-thou, he makes my teeth curl.* = Er ist so selbstgefällig, da rollen sich mir die Zehennägel hoch.

In der Kirche kann man *thou* ebenfalls noch begegnen. Manche Bibelübersetzungen verwenden das Wort, und als Kind lernte auch ich, Gott im Gebet mit *thou* anzusprechen – ähnlich wie die Deutschen Gott im Vaterunser duzen, ohne von ihm jemals offiziell das Du angeboten bekommen zu haben.

Und wenn ein Autor seinem historischen Roman heute ein mittelalterliches Flair verleihen will, lässt er seine Figuren sich mit *thou* und *ye* anreden. Dabei verstehen die meisten Autoren selbst nicht, wie die formellen und informellen Anreden damals funktionierten. So werden Könige in solchen Büchern aus Respekt gern mit *thou* (du) angesprochen. Selbst im Star Wars-Film „Die Rückkehr der Jedi-Ritter" verwendet Darth Vader *thy* („deine") seinem Imperator gegenüber. *Thou* hört sich eben einfach alt und ehrwürdig an. Merken Sie was? Klammheimlich haben *thou* und *you* im Lauf der Zeit ihre Bedeutungen vertauscht.

Fritz blickte mich misstrauisch an. „Das glaube ich dir nicht", verkündete er. „Das ergibt keinen Sinn. Ihr Amis, ihr redet euch doch die ganze Zeit mit Vornamen an – das geht doch nur in der Du-Sprache. Oder etwa nicht?" Gute Frage.

FIRST-NAME BASIS

Nenn mich Dr. Bob

„Das", sagte ich zu Fritz, „ist ein weiteres Missverständnis."

So frei von Hierarchien und Formalitäten sind wir nun doch nicht. Auch der lässigste Amerikaner kann schmollen, wenn er ohne Vorwarnung mit Vornamen angeredet wird. Verdient er mehr oder hat er in seiner Firma eine höhere Position als Sie in Ihrer, kann er dies als Herabwürdigung empfinden. Genau wie die Deutschen das unangenehme „Wir können Du sagen"-Ritual ständig wiederholen müssen, haben wir unseren *Call-me-Bob*-Ritus.

Elaine Swann ist eine Art amerikanische Kniggeexpertin. Ihr Beruf ist *etiquette*: Sie berät Businessleute, wie sie sich am besten in verschiedenen Situationen verhalten, vom Essen im Drei-Sterne-Restaurant bis hin zum Meeting in der neuen Mutterfirma. Wenn einer sich mit Manieren auskennt, dann sie. Sie weiß, wann zwei Menschen ihre Beziehung auf eine *first-name basis* („auf Basis der Vornamen" beziehungsweise „per Du") stellen können und wann nicht. Ich rief sie in ihrem Büro in Oceanside nahe San Diego an und fragte sie, ob die Amerikaner es mit der Etikette lockerer nehmen als der Rest der Welt.

„*Oh, no*", sagte sie pikiert. Stattdessen bestätigte sie eine typische Klage, die deutsche Freunde immer wieder über meine Landsleute führen, nachdem sie sie erst mal besser kennengelernt haben: „Amerikaner geben sich relaxt, aber sie sind doch ziemlich berechnend, also ist es sehr wichtig, die Signale richtig zu interpretieren. Lassen Sie sich nicht von der entspannten Atmosphäre einlullen. Es gibt auf jeden Fall eine versteckte Hierarchie."

Ich beschrieb ihr einige Situationen und bat sie, mir zu sagen, welches Verhalten jeweils angebracht wäre.

Gibt es eine allgemeine Daumenregel?

Die Daumenregel ist, den Vornamen so lange nicht zu benutzen, bis es einem sozusagen erlaubt wird, besonders im Berufsleben. Es ist wichtig, darauf zu achten, wie man vorgestellt wird. Meist erhält man hier alle wichtigen Informationen. Falls Zweifel bestehen, unbedingt nachfragen. Sagen Sie: *How should I address you?* (Wie soll ich Sie anreden?) Sagen Sie nicht: *Can I call you Bob?* (Darf ich Sie Bob nennen?) Das würde dem anderen keine Gelegenheit geben, höflich zu sagen, was er wirklich vorzieht. Und Sie wollen ja, dass der andere sich wohlfühlt.

Macht sich Ihr Gegenüber die Mühe und sagt zu Ihnen *Call me Bob*, dann meint er das auch so. Sie sollten ihn beim Vornamen nennen, damit er sich wohlfühlt, selbst wenn Sie das normalerweise nicht tun würden.

Ich betreibe eine Exportfirma in Berlin und begegne meinem Importpartner in San Francisco zum ersten Mal. Wie spreche ich ihn an?

Verwenden Sie den Nachnamen, bis er Ihnen erlaubt, den Vornamen zu benutzen.

Ich bin Arbeitnehmer – wie spreche ich meinen Chef an?

Benutzen Sie immer den Nachnamen, gegebenenfalls mit Titel: *Mr Smith* oder *Dr Smith*. Sagt aber der Chef *Call me Bob* (sagen Sie Bob zu mir), tun Sie ihm den Gefallen.

Ich bin Angestellter, wie spreche ich meine gleichrangigen Kollegen bei der Arbeit an?

Hier dürfen Sie sich – ohne Erlaubnis – mit Vornamen anreden.

Ich bin Angestellter in einem großen Büro, wie spreche ich den Hausmeister an?

Wenn Sie im mittleren Management sind, reden Sie mit einem Hausmeister wie mit einem Arbeiter. Es ist in Ordnung, ihn beim Vornamen zu nennen. Es sei denn, er ist um einiges älter als Sie, dann sprechen Sie ihn mit Nachnamen an – das ist ein Zeichen von Respekt.

Ich begegne jemandem auf einer Businessparty ...

In einer zwanglosen Umgebung, zum Beispiel auf einer Gartenparty, benutzt man immer den Vornamen, außer der andere hat einen Titel. Wird Ihnen jemand mit Titel vorgestellt – etwa *This is Bob Smith, he's a judge for the 3rd Circuit Court* (Darf ich vorstellen: Bob Smith. Er ist Richter am dritten Bezirksgericht.) –, dann sagen Sie *Good evening, judge, how do you do?* (Guten Abend, Herr Richter, wie geht es Ihnen?). Es sei denn, der Richter sagt: *Call me Bob.* Ansonsten bleiben Sie bei *Judge Smith* oder einfach *judge*. Auf Englisch kann man praktischerweise Richter und Ärzte mit Titel und ohne Namen anreden.

Ich bin Fremder und lerne eine nette Person, vielleicht vom anderen Geschlecht, in einem Coffeeshop kennen – wie spreche ich diese Person an?

Benutzen Sie immer den Vornamen.

Was ist, wenn der andere – egal in welcher Situation – seinen Vornamen nicht zuerst anbietet?

Wenn Sie nicht aufgefordert werden, den anderen mit Vornamen anzureden, können Sie – falls Sie sich dann wohler fühlen – selber die Initiative ergreifen. Sagen Sie: *Call me Bob.* Es kann allerdings passieren, dass der andere Ihnen trotzdem nicht im Gegenzug den Vornamen anbieten mag. In dem Fall müssen Sie ihn weiterhin mit *Mr Smith* anreden, während er Sie Bob nennt.

Was tun, wenn man einen Fehler macht: Man nennt jemanden Bob, der das nicht mag. Ist das ein schlimmer Fauxpas?

Das ist kein Problem. Sagt Ihnen jemand, Sie haben einen Fehler gemacht, entschuldigen Sie sich und machen Sie schnell weiter. Sagen Sie einfach: *Oh, I apologize – so, Mr Smith, about that appointment ...* (Ach, entschuldigen Sie – nun, Mr Smith, was den Termin betrifft ...) Machen Sie keine große Sache daraus.

Was, wenn man prinzipiell lieber mit Nachnamen angesprochen werden möchte?

Sagen Sie: *Call me Mr Schmidt.* Sie müssen sich nicht mit Vornamen ansprechen lassen.

Ist es nicht beleidigend, einem Amerikaner zu sagen, dass er beim Nachnamen bleiben soll?

Auf einer Party ist es schon ein wenig merkwürdig. Sie müssen vielleicht sagen: *I'm sorry, but where I come from we call each other by our last names – using my first name makes me uncomfortable.* (Entschuldigen Sie, wo ich herkomme, reden wir einander mit Nachnamen an – ich fühle mich unwohl, mit Vornamen angesprochen zu werden.)

Je geschäftlicher die Begegnung, umso wichtiger sind solche Formalitäten, und umso mehr Verständnis hat man dafür. Amerikaner, vor allem wenn sie in der internationalen Geschäftswelt tätig sind, werden sich nicht beleidigt fühlen. Sie verstehen die kulturellen Unterschiede. In England geht es etwas förmlicher zu, aber nicht besonders, und es gilt wie immer die Faustregel: Man achte darauf, wie man vorgestellt wird.

Als ich Fritz all das erklärt hatte, wurde er blass, und nach einer Weile fragte er etwas kleinlaut: „Und eine Lehrerin? Auf der Highschool? Wie wird sie angeredet?"

„*Mrs Smith*, falls sie verheiratet ist, und *Ms Smith*, falls sie ledig ist."

Da murmelte er so leise vor sich hin, dass ich es gerade noch hören konnte: „Jetzt weiß ich, warum ich so schlechte Noten in meinem Austauschjahr hatte."

SHALL

Du sollst nicht sollen

Es waren auch Englischlehrer, die meine Charlotte verdorben haben. Deutsche Englischlehrer.

Heute noch höre ich ihre verführerische Stimme neben mir im Bett: *„Shall I make breakfast or shall you?"*

Mir standen die Haare zu Berge. Was meinte sie überhaupt damit? Etwa: „Soll ich Frühstück machen oder sollst du?" Oder: „Werde ich Frühstück machen oder wirst du?" Vielleicht gar: „Willst du Frühstück machen oder will ich?" Wichtiger noch als die Frage, was sie mit *shall* meinte, war die Frage: „Wo hast du das denn überhaupt her?"

„Was denn?"

„Das Wort? Wo hast du dieses Wort her?"

„‚Frühstück'? Ich sage ‚Frühstück' schon seit vielen Jahren."

„Du weiß ganz genau, was ich meine", warnte ich. „*Shall*. Weißt du überhaupt, was du da sagst?"

Sie lächelte. Letztens war sie ihrem alten Englischlehrer begegnet, dessen perfekte Aussprache sie immer bewundert hatte; sie hatten einander auf Englisch begrüßt, und er hatte gesagt: „Aber Charlotte! Dein Englisch ist ja arg amerikanisch geworden." Sofort nahm sie sich vor, fortan „richtiges" Englisch zu sprechen – einschließlich der Verwendung von *shall*. Das konnte ich so nicht durchgehen lassen.

„Hör mal, du tust der Welt keinen Gefallen, wenn du dieses Wort benutzt. Wir – nicht nur die Amerikaner, auch die Engländer – versuchen seit Jahrhunderten, dieses Wort endlich unter die Erde zu bringen. Vergiss es einfach ganz schnell wieder!"

Shall hat die englischsprachige Welt von dem Moment an verwirrt, genervt und in Streit versetzt, als es zum ersten Mal auftauchte. Und das ist schon lange her.

Historisch gesehen hatten die alten Germanen diverse Möglichkeiten, ihre Zukunftspläne auszudrücken, von „Ich werde Rom plündern" über „Ich will Rom plündern" bis hin zu „Ich soll Rom plündern" oder „Ich plündere Rom morgen". Im Deutschen einigte man sich später auf ein Wort: „werden". „Wollen" und „sollen" wurden irgendwann nicht mehr als Zukunftsformen betrachtet. Im Englischen aber blieben zwei Wörter im Rennen: *sceal* und *wyllan* – die altgermanischen Vorläufer von *shall* und *will*. Beide nutzte man im Sinne von „werden", also um von der Zukunft zu sprechen. Doch wenn zwei Wörter exakt die gleiche Position beanspruchen, geht das nie lange gut, frei nach dem Motto „Es kann nur einen geben".

Der Kampf wogte über viele Jahrhunderte. Im Mittelalter benutzte Geoffrey Chaucer in seinen „Canterbury Tales" ausschließlich *will* als Zukunftsform. Rund zwei Jahrhunderte später setzte Shakespeare beide Wörter fast gleich häufig ein. Irgendwann blieb es auch den Intellektuellen nicht mehr verborgen, dass wir zwei Wörter für „werden" hatten. Plötzlich sprangen lauter Besserwisser aus ihren Löchern und überboten sich mit Erklärungen, was denn nun der feine Unterschied zwischen *shall* und *will* sei.

Der wichtigste unter ihnen war der verdiente Mathematiker John Wallis, der 1653 das erste Regelwerk der englischen Sprache schrieb, natürlich auf Latein, die „Grammatica Linguae Anglicanae". Darin versprach er etwas übermütig: „Werden diese Regeln befolgt, schließen sie aus, dass Fehler gemacht werden." Darauf fabulierte er gleich die verworrenste Beschreibung, die je in einer englischen Grammatik publiziert wurde:

„In der ersten Person [ich] deutet *shall* auf eine Vorhersage *[I shall eat beans]*, während *will* als Versprechen oder Drohung verwendet wird *[I will eat beans]*. In der zweiten und dritten Person [du oder er, sie, es] wird *shall* umgekehrt für ein Versprechen oder für eine Drohung verwendet *[he shall eat beans]*, während *will* die einfache Vorhersage ist *[he will eat beans]*." (Bohnenbeispiele von mir eingefügt.)

Scheinbar bin ich nicht der Einzige, der von diesen Zeilen nicht die Bohne verstand. Als die Fowler-Brüder 1908 ihre einflussreiche Grammatik „The King's English" herausbrachten, waren die umstrittenen Regeln so unerträglich kompliziert geworden, dass sie ihr 20-seitiges Kapitel zum Thema *shall/will* mit den lapidaren Worten einleiten mussten, dass „... diejenigen, die nicht in die oberen Klassen hineingeboren wurden, kaum in der Lage sein werden, die Regeln zu lernen."

Die Vorstellung, nur ein geborener Gentleman sei überhaupt in der Lage, korrektes Englisch zu sprechen, wurde lange Zeit durch folgenden Umstand bekräftigt: Neben den unteren Klassen wollten auch die Schotten, Iren, Australier und Amis die *will/shall*-Regeln starrköpfig nicht befolgen. So erklärt sich der alte Witz, in dem ein Schotte gerade in einem Fluss ertrinkt und keiner der umstehenden Engländer ihm hilft, weil er die ganze Zeit schreit: *I will die! Nobody shall help me!*

Seither sind die meisten Grammatiken weiser und milder geworden. Heute weiß man zudem: Die vielen alten Regeln haben die Sprache, wie sie tatsächlich gesprochen wurde, nie realistisch widergespiegelt – und *shall* benutzt heute sowieso kaum noch einer, weder in Amerika oder Schottland noch in England.

Ein wenig schade ist es ja schon, denn *shall* gehört – neben dem langen britischen *ah* – zu den beliebtesten Möglichkeiten, die wir Amerikaner haben, einen Briten nachzuäffen: *Dahling, ah simply shall be terribly sahd if you cahn't attend the gahla!* Wir lieben das. Für uns hört sich das wahlweise versnobt, tuntig oder divenhaft an, auf jeden Fall grooßartig.

In Deutschland kennt man *shall* nicht nur als eine versnobte Form von *will*, sondern auch im Sinne von „sollen". Ich kann mir das nur so erklären: Hierzulande wurde man in jungen Jahren in der Schule wohl zu dem sonderlichen Irrglauben verleitet, *shall* bedeute „sollen" und *should* „sollten". Aber das ist lange überholt. Heute sagt man grundsätzlich *should* – egal, ob es um „sollen" oder „sollten" geht.

„Es gibt heute keinen Grund mehr, *shall* zu benutzen", erklärte ich Charlotte. „Die Bedeutung ist unklar, und es klingt eigenartig. Es sei denn, du willst, dass die Leute dein Geheimnis entdecken – nämlich, dass du in Wirklichkeit zum englischen Adel gehörst."

„Das kann nicht stimmen", wehrte sich Charlotte, die, wie viele Deutsche, einen unerschütterlichen Glauben an ihren Englischlehrer hat. Und in den darauffolgenden Tagen fand ich immer wieder Schnipsel aus Zeitungen und Magazinen auf meinem Schreibtisch, auf denen überall das Wörtchen *shall* zu lesen war.

Lag ich etwa falsch? Ist *shall* viel beliebter, als ich dachte? Doch als ich mir die Beispiele genauer anguckte, sah ich, dass sie alle veraltet oder melodramatisch waren:

„I Shall Be Released" (Ich werde befreit werden) – Lied von Bob Dylan

„We Shall Overcome" (Wir werden siegen) – Titel eines Protestsongs und ein wichtiger Spruch der amerikanischen Bürgerbewegung

„Shall We Gather at the River?" (Sollen wir uns am Fluss sammeln? oder besser: Treffen wir uns am Fluss?) – Titel eines alten Gospelsongs

„Shall we Dance?" (Sollen wir tanzen? oder besser: „Darf ich bitten?") – Film mit Richard Gere von 2004

„Thou shalt not kill" (Du sollst nicht töten) – aus der King-James-Bibelübersetzung zur Zeit Shakespeares

„Shall we?" (Sollen wir?) – galant-ironische Aufforderung zum Tanz, zum Gehen, zum Endlich-Beginnen

„Das sind doch alles sehr archaische Beispiele, Schatz", sagte ich und erklärte ihr, dass man *shall* höchstens noch einsetzt, um den Eindruck von Alter, Würde und Respekt zu erzeugen. „Für eine normale, moderne Sprache ist es nicht mehr zeitgemäß. Selbst in der Bibel nicht. In der ‚Contemporary English Version', die in Gegenwartsenglisch übersetzt wurde, heißt es auch nicht mehr *Thou shalt not kill*, sondern einfach: ‚*Do not murder.*'"

Sie drehte sich weg und meinte noch über die Schulter: „*Thou shalt respect your woman, and your woman shall say whatever she shall say.*"

Bis heute lässt sie keine Gelegenheit aus, *shall* zu sagen.

MUST

Muss ist kein Muss

Wo wir gerade dabei sind, veraltete und nutzlose Wörter in die Tonne zu kloppen, gehen wir gleich auch *must* an. Es ist nur der Nostalgie zu verdanken, dass dieses Wort nicht längst ausgestorben ist. Dennoch, alle Angloamerikaner ahnen tief in ihrem Herzen – es wird langsam Zeit, sich von ihm zu verabschieden. Warum? Welchen unverzeihlichen Fehler hat *must* gemacht?

Keiner nimmt das Wort mehr ernst. Vielleicht war *must* irgendwann mal ein wichtiges Wort, heute aber ist es ein Möchtegern-Wort, ein Ferner-liefen-Wort, eine Lachnummer. Und wer ist daran schuld? Die Briten natürlich. So muss es in etwa abgelaufen sein: Irgendwann in grauer Vorzeit, in irgendeinem englischen Landhaus mit großem Kamin, Ritterrüstung neben dem Treppenaufgang und Hirschgeweihen an den Wänden, standen lauter edle Briten in Tweed und mit komischen Hüten herum und langweilten sich gegenseitig. Irgendwann fiel der Gastgeberin auf, dass niemand den *spotted dick* probiert hatte. Offenbar war der Klumpen braunen Kochpuddings aus Kalbsfett und Fruchtstückchen in Vanillesoße schlicht übersehen worden. Die Gastgeberin war jedoch stolz auf ihren *spotted dick* und überlegte, was sie tun könnte, damit die Leute ihn zumindest probierten. Sollte sie ihnen gleich Geld anbieten? Zu plump. Drohen? Nicht stark genug. Sie hatte es schon mehrmals mit dezenten Hinweisen und Ermutigungen versucht:

> *No one's trying the spotted dick – why don't you try it?*
> *The spotted dick certainly looks like it might not be so terrible.*
> *If you try the spotted dick, you might not regret it.*

Nein, es musste dringlicher sein. Die Leute mussten das Dessert einfach probieren! Also nahm die Gastgeberin ihren ganzen Mut zusammen, lächelte freundlich und hauchte: *„You really must try the spotted dick."*

Die Gesellschaft erschrak. Hatte die Gastgeberin gerade gesagt, dass sie den *spotted dick* wirklich probieren müssten? Tatsächlich, die Dame hatte *must* gesagt. Also gehorchten sie.

So – oder so ähnlich – wurde *really must* geboren. Zu Deutsch: „bitte, bitte". Es ist eine sehr britische Redewendung, und wir Amerikaner verwenden sie inzwischen nur noch, um die Engländer zu parodieren. *Must* hat seitdem nichts mehr mit „müssen" zu tun. *Must* ist nur noch ein verzweifelter Vorschlag, eine schüchterne Bitte, Smalltalk. Während das deutsche Wort „müssen" eine starke Dringlichkeit besitzt, ist *must* nur noch ein Witz.

Falls überhaupt, wird *must* höchstens noch in Redewendungen benutzt, beispielsweise mit *must-see*. Das ist etwas, was man „wirklich, wirklich sehen sollte":

> „Sex and the City" *was definitely the must-see show of the nineties.*

In *If*-Sätzen hat *must* ebenfalls noch eine Funktion:

> „If It's Tuesday, This Must Be Belgium" (Wenn heute Dienstag ist, dann sind wir wohl in Belgien; der deutsche Titel lautete „So reisen und so lieben wir") - Filmkomödie von 1969 über amerikanische Touristen, die versuchen, den ganzen europäischen Kontinent in zwei Wochen abzuklappern

Oder auch:

> *Spotted dick* schmeckt süß – also muss es ein Dessert sein. = *Spotted dick tastes sweet – so it must be a dessert.* Keiner hat den *spotted dick* erwähnt, er schmeckt ihnen wohl nicht. = *No one mentioned the spotted dick. They must not like it.*

Und natürlich, um einem Satz einen altertümlichen und melodramatischen Anstrich zu verleihen. Zum Beispiel der berühmte Satz des römischen Senators Cato der Ältere, den er bei jeder Gelegenheit wiederholte, bis Karthago endlich zerstört wurde:

> *Carthage must fall!* (Ceterum censeo Carthaginem esse delendam.) = Im Übrigen bin ich der Meinung, dass Karthago zerstört werden muss.

Er wird heute noch gerne kolportiert: *This spotted dick must be destroyed!*

Es ist natürlich trotzdem möglich, auf beiden Seiten des Atlantiks „müssen" zu sagen, und zwar mit *have to*:

> Ich würde ja liebend gern den *spotted dick* probieren, aber ich muss weg – meine Oma ist gerade gestorben. = *I'd love to try the spotted dick, but I have to go – my grandmother just died.*

HIP-HOP

Sag niemals mothafucka

Es gibt auch andere Gründe, Wörter nicht zu benutzen. Vor allem, wenn es um bestimmte amerikanische Begriffe geht. Charlottes kleiner Bruder Fritz ist wirklich ein netter Kerl und für alles zu haben. Wir kamen von Anfang an prima miteinander aus, und er liebte es besonders, mit mir sein Englisch aufzupolieren. Es gab nur ein Problem dabei. Ganz bescheidenes, normales Englisch war ihm nicht cool genug.

Ich war der einzige Amerikaner, den Fritz kannte. Also war ich der Einzige, mit dem er „cool sprechen" konnte. Sobald er im Sommer sonntags zum Grillen auftauchte, ging es los: „*Hey cocksucker! High-five! Holy shit, dude, you look like shit! Fucking shit, this beer is good! Wow! Yo, bitch! Suck my dick!*"
All das ertrug ich gern. Und machte mit. Auch ich war mal jung. Vielleicht glaubte ich sogar, ich wäre immer noch ein bisschen jung. Nur bei einem Wort zuckte ich jedes Mal zusammen: „*Yo, mothafucka!*"

Es gibt auf Erden keine schlimmere Beleidigung als diese. Es war bloß Spaß, keine Frage. Wir waren cool, unbeschwert, unangepasst. Dieser Junge war es, der mir beibrachte, eine Bierflasche mit einem Feuerzeug zu öffnen – in Amerika haben Bierflaschen Schraubverschlüsse. Aber *motherfucker*? Das hielt ich irgendwann nicht mehr aus. Bei der nächsten Gelegenheit nahm ich ihn beiseite und erklärte ihm so schonend wie möglich, dass wir Amerikaner eifrig und ohne Unterlass eine große Lüge über uns selbst in der Welt verbreiten: In Wahrheit sind wir gar nicht so, wie wir uns in Musikvideos, Actionfilmen und Sitcoms darstellen.

Ich weiß, es ist enttäuschend zu hören, aber es stimmt: Der durchschnittliche Amerikaner kann weder eine ganze Bande Terroristen mit einer selbst gebastelten Waffe erledigen und anschließend eine Boeing notlanden, während er mit seiner Exfrau höchst witzige Sticheleien austauscht, noch betritt er grundsätzlich jedes Gebäude mit einer Sonnenbrille auf der Nase. Wir wären vielleicht gerne so – sind wir aber nicht. Und Wörter wie *motherfucker* benutzen wir nur in zwei Situationen:

> 1. Man ist schwarz, Hip-Hopper und steht vor einer laufenden TV-Kamera.
> 2. Man trägt eine Pistole bei sich und kann sie auch benutzen, wenn einer einem doof kommt.

Als ich fertig war, sank Fritz auf der Couch in sich zusammen. Er nahm seine Sonnenbrille ab und sagte: „Du bist echt älter, als ich dachte." Danach war unsere Beziehung nie mehr das, was sie mal war.

Dieses sorgfältig gepflegte, professionell in Szene gesetzte amerikanische Selbstbild sorgt oft für Verwirrung. Es führt dazu, dass sich junge Deutsche im Urlaub, im College oder auf Geschäftsreisen in unseren Augen höchst merkwürdig aufführen. Sie können sich nicht vorstellen, dass joviale Texas-auf-die-Schulter-klopf-Sprüche, Ghetto-Slang mit Hip-Hop-Vokabular, schräger Humor und *„Oh yeah, man, wow"*-Familiarität zwar im deutschen Fernsehen als authentisch amerikanisch rüberkommen, in den USA selbst jedoch eher befremdlich wirken.

Ein bisschen wäre das so, wie wenn ich in Deutschland einen guten Eindruck machen wollte, indem ich im Stechschritt gehe, mein „R" rolle wie ein Bayer auf Koks und jedes zweite Wort hinausbelle. Das funktioniert vielleicht in Hollywood-Filmen, in den Geschäftsräumen der Daimler AG könnte das allerdings unangenehm auffallen.

Wer in Amerika nicht negativ in Erscheinung treten will, sollte sich in etwa so verhalten wie zu Hause. Okay, wenn er dabei etwas öfter lächelt, als er das hierzulande tut, schadet das sicherlich nicht. Und vor allem um Modewörter sollte er einen großen Bogen machen. Sie sind sehr schwierig zu benutzen, weil sie weniger einen Inhalt, dafür aber umso intensiver ein bestimmtes Lebensgefühl transportieren. Und das Lebensgefühl eines fremden Landes zu erlernen, ist noch mühsamer als die Sprache.

Meine Empfehlung also: Sagen Sie die nun folgenden Wörter einfach nicht!

Ain't

Ain't bedeutet *is not* und wird heute noch in manchen Dialekten – zumeist in Popliedern – verwendet, vor allem wenn *is not* für den Rhythmus eine Silbe zu lang ist. Dabei wird es oft überflüssigerweise mit einem zweiten *no* oder *not* verwendet, zum Beispiel in dem Song „Ain't Got No" von Nina Simone. Was aber in der Musik okay ist, funktioniert im Alltag noch lange nicht.

Ain't ist das erste einer langen Reihe von zusammengezogenen Wörtern; *dunno (don't know), gonna (going to)* und *wanna (want to)* gehören genauso dazu. Die Deutschen kennen diese Begriffe als Kaugummiwörter und gehen davon aus, dass es eine Sache der Aussprache ist oder alle Amerikaner einfach von Haus aus nuscheln. (Im Übrigen halten alle Menschen Ausländer generell erst mal für Nuschler – wir glauben das von den Deutschen genauso.)

Stimmt aber nicht. Selbst diese Wörter unterliegen strengen Regeln. Manchmal werden sie ironisch eingesetzt, manchmal aus Gründen des Rhythmus. Das gilt auch im Deutschen: Vermutlich würden Sie in einem Vortrag in einem Saal voller Manager ebenfalls eher „durch das" statt „durchs", „aus dem" statt „ausm" und „was für ein" statt „was'n" sagen.

Die Kontraktionen, die Sie in der Schule gelernt haben – *I'm, you're, they'll, can't, don't, won't* und andere – fallen natürlich nicht in diese Kategorie. Im Gegenteil, sie werden wie ganz normale Wörter benutzt.

Boy

Wenn ich den Ausspruch *„Hey boy"* höre, läuft es mir kalt über den Rücken. Meist ist es Jochen, Charlotte oder ein Sportkommentator im Fernsehen, der *boys* genauso verwendet wie „Jungs": „Die *Boys* sind wieder gut drauf heute". Ich frage mich, ob die millionenschweren Sportler, die so bezeichnet wurden, überhaupt wissen, wie sehr man sie gerade beleidigt hat.

Boy scheint auf den ersten Blick eine direkte Übersetzung von „Junge" zu sein. Und in eindeutigen Situationen ist es das auch. Unter Umständen kann es aber genauso „Lustknabe" oder „Stricher" bedeuten. Ein *boy toy* ist eine „Schlampe", ein *toy boy* ein „deutlich jüngerer Liebhaber". Und ist der *boy* zufällig schwarz, haben Sie ihn gerade „Sklave" genannt. Für „Jungs" benutzen Sie also lieber *guys* und für „Kinder" *kids*.

Bitch

Bitch hat in den letzten Jahren einen Bedeutungswandel erfahren. Ursprünglich hieß *bitch* „Hündin", heute meist „Schlampe". In der machohaften Hip-Hop-Musik steht es für „Mädchen", und immer mehr beschreibt es auch einen Mann, der nicht männlich genug ist – eine Memme also. Aus den Gefängnissen stammt

die Bedeutung „eroberter Sklave", und derzeit wird es häufig ironisch in diesem Sinne benutzt: *He's my bitch.*

> *I'm gonna make you my bitch.* = Ich werde dich schlagen.
> (Zum Beispiel bei einer freundlichen Pokerrunde)

Tun Sie es nicht.

Cocksucker

„Schwanzlutscher" kann zwar in seltenen Fällen als ironische
Alternative für „Kumpel" gebraucht werden – empfehlenswerter-
weise für einen Kumpel mit Humor –, meist aber ist es einfach
eine Beleidigung und nur bei Konfrontationen angebracht.
  Tun Sie es nicht.

Dude

Dude (Kerl, Typ) ist ein uraltes Wort, das heute mit den Surfer-,
Skater- und Drogen-Slangs assoziiert wird. Es wird von einem
vermeintlich coolen weißen Jungen benutzt, um einen anderen
vermeintlich coolen weißen Jungen anzusprechen: *Not cool,
dude.* Außerhalb dieser Milieus wirkt das Wort lächerlich.
Gerade deswegen wurde der Begriff im Kultfilm „The Big
Lebowski" eingesetzt. Dass Jeff Bridges darauf bestand, *The
Dude* genannt zu werden, war einfach albern – doch so ernst
vorgetragen wiederum liebenswert.
  Falls Sie nicht Jeff Bridges sind, tun Sie es nicht.

Dunno

I dunno. = I don't know. (Ich weiß nicht. Siehe *ain't.*)
  Dunno wird meist von Idioten benutzt und von Leuten, die
Idioten nachmachen.
  Tun Sie es nicht.

Fuck

Fuck ist sicher eines der aufregendsten Wörter der englischen Sprache überhaupt. Einerseits ist es ein Tabuwort, andererseits der wendigste, vielseitigste und zugleich witzigste Begriff weit und breit. Er wird in der Erotik, als Drohung und Überraschungsspruch verwendet, als Substantiv, Verb, Adverb, Adjektiv und vieles mehr. Allein die Anzahl der grammatischen Formen von *fuck* ist *fucking astonishing*. Und dennoch ist es ein Tabu. Aus Film und Fernsehen haben Sie vielleicht den Eindruck gewonnen, wir würden das Wort immer und überall benutzen, dem ist aber nicht so: Die Regeln, denen wir hier folgen, sind vielfältig und undurchsichtig.

Falls Sie als Frau mit lauter Kollegen in einem Nachtklub herumsitzen und nach mehreren Drinks ein Mann auf den Tisch steigt und sich unangekündigt tanzend auszieht, können Sie Ihr Erstaunen, Ihre Irritation und Abenteuerlust zum Ausdruck bringen, indem Sie *Holy Fuck!* (Verdammte Scheiße!) sagen.

Falls Sie aber als Frau mit lauter Kollegen in einem Nachtklub herumsitzen und nach mehreren Drinks Ihr Chef auf den Tisch steigt und sich unangekündigt tanzend auszieht:

Tun Sie es nicht.

Gonna, Wanna

Going to, *want to* (siehe *ain't*).
Tun Sie es nicht.

Mothafucka

Tun Sie es nicht.

Nigga

Das sogenannte *n-word nigger* oder *nigga* ist sicher das rassistischste Wort, das es heutzutage gibt. Schwarze unter sich benutzen das Wort ironisch, und so kommt es in vielen Rap-Liedern vor. Ein Weißer, der es benutzt, kann so lange von Ironie reden, wie er will, er gilt fortan als Rassist.

Tun Sie es nicht.

Shit

Shit kann „Scheiße" bedeuten, aber auch „Marihuana" oder einfach „Zeugs". Das Problem ist: *Shit* ist inzwischen ein so universell akzeptiertes Wort, dass viele es im Deutschen hemmungslos einsetzen und glauben, im Englischen wird es genauso häufig benutzt. Was sie nicht wissen: Deutsche verwenden das Wort „Scheiße" öfter und ungehemmter als ein durchschnittlicher Amerikaner das Wort *shit* gebraucht.

Tun Sie es nicht.

Wow

Wow ist ein Kaugummiwort *par excellence*. Manche Menschen denken, dieses Wort mache sie zu Adoptiv-Amerikanern, und sie geben sich große Mühe, es so kaugummihaft wie möglich auszusprechen. Einige schaffen es sogar, aus einer Silbe gleich zwei oder gar drei zu machen: *Wa-ah-ow!* Für einen Amerikaner hört sich das so an, als ob der *Wow*-Sager gerade einen kleinen Schlaganfall in der Zunge erlitten hat.

Tun Sie es nicht.

Yeah

Auch von diesem Wort meinen die meisten, es würde besonders kaugummimäßig, lang gedehnt und mehrsilbig ausgesprochen: *Ye-ay-ahhh!* Leider klingt es so, als sei der Sprecher mit seinen Stimmbändern im Hals irgendwo hängen geblieben. Bleiben Sie deshalb beim *yes.* Oder sogar beim deutschen „Ja".

An dieser Stelle muss ich was über das „Ja" sagen. Es ist nicht so schlimm, wie Sie glauben, wenn Ihr amerikanisches *yeah* sich wie *yah*, also wie ein deutsches „Ja" anhört. Während *ye-ay-ahhh* klingt, als ob Sie Amerikaner verarschen wollen, wirkt ein „Ja" eher niedlich. Man sieht den echten Menschen hinter der erlernten Sprache – er lässt kurz die Maske fallen –, und das findet man charmant:

„Oh, you must come from Germany!"

„Yes, I guess I can't hide it. It's easy to tell, isn't it?"

(Oh, Sie müssen aus Deutschland sein. – Ja, ich schätze, ich kann es nicht verbergen. Das merkt man sofort, nicht wahr?)

Selbst mir als Amerikaner passiert das. Ab und zu, wenn ich in Amerika bin, schleicht sich irgendein deutsches Wort ein, oft ein „Ja". Man schmunzelt. Man sagt zueinander: „Hast du es gehört? Habe ich es nicht gesagt?" Es ist nicht peinlich, im Gegenteil, es ist interessant, es ist authentisch, es ist menschlich. Und es erinnert die Leute daran, dass für Sie Englisch eine Fremdsprache ist – das beeindruckt sie.

Shakespeare
sprach kein
Oxford English

Als meine Eltern irgendwann überraschenderweise etwas mehr Geld verdienten, als die Familie von Tag zu Tag verschlang, erfüllten sie sich einen langgehegten Wunsch. Eines Abends versammelte mein Vater uns Kinder im Wohnzimmer und sagte stolz: „Kids, wir fahren nach Europa."

Vielleicht sollte ich vorausschicken, was wir Amerikaner meinen, wenn wir „Europa" sagen: Wir meinen England.

Die besondere Beziehung, die wir Amerikaner zu England haben – die man eigentlich eine romantische Beziehung nennen muss –, stammt aus den frühen Tagen, als wir noch eine Kolonie waren. Sicher, wir wissen, dass es Rom und Paris und Berlin gibt, und wir würden all diese Orte gern mal sehen, nachdem wir das richtige Europa – England – ausgiebig gesichtet haben.

Klar, Rom hat ein Kolosseum, Paris den Eiffelturm, und das ist alles ganz nett – aber London! *London Bridge! Buckingham Palace!*

Die Gräber großer Poeten in *Westminster Abbey! Piccadilly Circus* und *Trafalgar Square!* Die Namen der Sehenswürdigkeiten in London reißen nicht ab.

So sehen wir Amerikaner Europa.

London war laut und geschäftig und aufregend, eine richtige Großstadt, voller froher Farben und exotischer Stimmen und komischer Autos, die ständig hupten und sinnlos im Kreis fuhren. Die Doppeldecker! Die Polizei mit ihren lustigen Hüten! Alles war anders dort – es roch anders, die Luft war kühler und frischer, die *Bed & Breakfasts* rochen modrig, aber selbst das erinnerte uns an Dickens, und wir liebten es. Es war wie ein europäisches Disneyland ohne Eintritt.

Am dritten Tag wollte ich mich in die *Tube* wagen und die Stadt allein erkunden, den coolen bunten U-Bahn-Plan in der Hand – auch das war für mich neu. Auf Hawaii gibt es keine U-Bahn, geschweige denn einen so coolen Plan. Auf meiner Liste von Gebäuden und Straßen, die ich aus Büchern und TV kannte, standen unter anderem diese zwei:

Lester Square und Leicester Square.

Lester Square kannte ich aus dem berühmten Lied aus dem 1. Weltkrieg, *It's a Long Way to Tipperary*, und natürlich aus diversen Filmen, und *Leicester Square* kannte ich aus vielen Büchern. Kein London-Besuch wäre komplett, ohne einmal diese beiden berühmten Plätze gesehen zu haben.

Ich suchte und suchte und suchte, aber *Lester Square* war auf keinem Stadtplan zu finden. *Leicester Square* dagegen schon. Aber als ich durch einen falschen Ausgang aus der U-Bahn kam und einen Passanten fragte: *„Excuse me, is this the way to Leicester Square?"*, antwortete er nur kurz angebunden: *„Never heard of it"*, und ging weiter. Ein Londoner, der noch nie von einem der berühmtesten Plätze der Stadt gehört hatte! Und er war nicht der einzige – auch die anderen Passanten, die ich ansprach, rümpften nur unhöflich die Nase und gingen weiter. Einige lachten sogar, und einer sagte genervt, ich solle wieder zurück nach Amerika gehen.

Es war eine der großen Enttäuschungen einer ansonsten traumhaften Reise, dass ich weder *Lester Square* noch *Leicester Square* finden konnte. Erst, als ich im Flugzeug davon erzählte, sagte mir mein Vater, „Wusstest du nicht, dass man *Leicester als Lester* ausspricht?"

Zum Glück hatte ich *Worcestershire* nicht auf meine Liste gesetzt – die Briten behaupten ohne jeden Beweis, dass sie dieses Wort richtig aussprechen könnten, und erklären ganz ernsthaft, das Wort habe nur drei Silben und enthalte gar kein „r", – nicht *Wor-ces-ter-shire*, wie es geschrieben wird, auch nicht *Wur-schtur-shure-shire*, wie es natürlich auszusprechen wäre, sondern „*Wust-a-sha,*" was wirklich gar keinen Sinn ergibt, und wenn man nicht fragt, ist man heillos verloren, und mir kann man vertrauen, ich war schließlich schon mal in England und konnte kaum ein Wort verstehen.

MEEBS, HAWKINS AND SWEET PEAS

Endlich jemand, der richtiges Englisch spricht

Wir Amerikaner haben eine merkwürdige Beziehung zu der Sprache, wie sie in England gesprochen wird, wie zu der britischen Kultur selbst. Einerseits finden wir den britischen Akzent grundsätzlich *sophisticated* – andererseits ist er das Symbol einer überwundenen tyrannischen, feudalen Welt. Wenn wir für das Kino einen besonders weisen Helden oder einen besonders bösen Schurken brauchen, verpassen wir ihm einen englischen Akzent – Obi Wan Kenobi in „Star Wars" (Krieg der Sterne) sowie der deutsche Terrorist Hans Gruber in "Die Hard" (Stirb langsam) sprachen beide britisch.

Eben weil wir britisches Englisch für das ursprüngliche, das eigentlich richtige Englisch halten, sind wir immer wieder überrascht zu erfahren, dass es eine englische Variante gibt, die älter ist: unsere.

Doch doch, Sie haben richtig gelesen. Wer in der Schule lernt, *faah* statt *far*, oder *hi-ah* und *fi-ah* statt *hi-ur* und *fi-ur* für *„hire and fire"* zu sagen, lernt nicht das ältere Englisch, sondern ein junges, ja, man kann sagen, neumodisches Englisch.

Wie das kam?

Weil die Kolonisten, die ab dem 17. Jahrhundert aus England abwanderten, das Englisch der damaligen Zeit mitnahmen und in Amerika weitersprachen und die neuen sprachlichen Trends der alten Heimat nicht mehr mitbekamen. Einerseits entwickelte sich amerikanisches Englisch in vielen Beziehungen eigen, andererseits blieb es in manchen wichtigen Aspekten immer noch das alte.

Die besten und merkwürdigsten Beispiele findet man dort, wo man es am wenigsten erwartet – auf einer bestimmten Insel vor der Atlantikküste und in den abgelegenen Bergen der Appalachen. Dort wird eine Sprache gesprochen, in der viele Wissenschaftler Spuren von dem Englisch finden, wie es zur Zeit Shakespeares bis zur Zeit der Königin Victoria gesprochen wurde.

Die 1,4 Quadratkilometer große Insel Tangier liegt in der Chesapeake Bay an der Ostküste von Virginia und verfügt über eine Kirche, einen Laden, eine Straße, die einmal im Kreis herumführt, aber keine Polizei, keine Mobiltelefonverbindung und kaum Autos. Die Insel kann man nur per Schiff erreichen, und außer den etwa 500 Einwohnern hat niemand Grund, diese Schifffahrt zu unternehmen. Das war schon immer so – seit 250 Jahren.

Beruflich sind so gut wie alle auf Tangier sogenannte *watermen* – ein Begriff, der vor hunderten von Jahren Menschen meinte, die in kleinen Booten andere Menschen den Fluss entlang transportieren. Heute ist der Begriff nur noch in Tangier gebräuchlich, wo er nun „Fischer" bedeutet.

Selbst englische Muttersprachler können die Sprache der Insel kaum verstehen.

Die ersten Siedler wanderten aus Cornwall ein. Seitdem kamen weitere Menschen aus anderen Regionen dazu, und natürlich ändert und modernisiert sich eine Sprache auch in abgeschiedenen Orten. Das macht es schwer, die verschiedenen Einflüsse auseinanderzuhalten. Eines ist jedoch klar: Modern ist sie nicht. Das gilt nicht nur für die Aussprache – Tangier ist Heimat vieler seltsamer Begriffe, von denen niemand weiß, wo sie genau herstammen. Zum Beispiel:

> *You have the meebs. (= You smell.)* = Du riechst.
> *Hawkins is here. (= It's cold.)* = Es ist kalt.
> *I was in the sweet peas. (= I was sleeping.)*
> = Ich schlief gerade.

Urlaub auf dieser kleinen Insel stelle ich mir wie eine Zeitreise vor.

Ebenso wie einen Besuch in den Appalachen, jener 2.400 Kilometer langen Bergkette, die sich an der Ostküste von Kanada bis hinunter in die Südstaaten erstreckt. Diese zum Teil isolierte Bergkette, die doppelt so lang ist wie die Alpen, ist Heimat des berühmten 3.500 Kilometer langen Fernwanderwegs *Appalachian Trial* sowie von unzähligen Tierarten, von schwarzen Bären über Elche bis hin zu Truthähnen, aber auch von einer großen Anzahl Menschen, die dort immer noch so sprechen, zumindest in manchen Aspekten, wie ihre eingewanderten Urahnen vor 300 Jahren. Ach, und noch eine stolze Leistung dieser malerischen Berge: Sie sind die Heimat des prototypischen amerikanischen Hinterwäldlers – des berühmten *hillbilly*.

Die englischen Dialekte, die sich dort entwickelten, werden heute als *Mountain speech* oder *Smokey Mountain English* bezeichnet, und darin finden viele Sprachwissenschaftler Reste von britischem und schottischem Englisch des 17. bis 19. Jahrhunderts. Eine der vielen bezeichnenden sprachlichen Eigenheiten der *Mountain speech*, die sogar aus der Shakespeare'schen Zeit stammen könnte, ist der Brauch, ein **a** vorne an manche Verben dranzuheften:

> *He was **a**-hemmin' and **a**-hawin'.*
> = Er stotterte und stammelte.
> *She was **a**-cryin' and **a**-yammerin'.*
> = Sie heulte und jammerte.

Viele heutige Begriffe mit **a** am Anfang stammen aus dieser Tradition: *afraid* (ängstlich) kommt von **a**-feared: **a**feard findet man z. B. noch bei Shakespeare, und in dem traditionellen britischen Weihnachtslied *The Twelve Days of Christmas* aus dem Jahr 1780, in dem man seiner wahren Geliebten jeden Tag Geschenke macht, steckt auch noch als Überbleibsel das **a**-prefixing:

> *On the first day of Christmas my true love gave to me …*
> – *six geese **a**-laying* = sechs Gänse, die Eier legen;
> – *seven swans **a**-swimming* = sieben Schwäne, die schwimmen;
> – *eight maids **a**-milking* = acht Mägde, die melken;
> – *ten lords **a**-leaping* = zehn Lords, die in die Luft springen

CAAH AND DAAHNCE

Warum Shakespeare kein Snob war

Doch die auffälligsten sprachlichen Eigenarten des 17. und 18. Jahrhunderts, die in Amerika konserviert wurden, findet man nicht nur in irgendwelchen abgelegenen Dörfern, sondern im Mund eines jeden Amerikaners – das **R** und das **A**.

Fangen wir mit dem **R** an.

Im britischen Englisch ist es, wie ich schon weiter vorne erwähnte, Trend geworden, das **R** immer weniger auszusprechen. Man glaubt, es sei elegant, zum Beispiel *fire* (Feuer) und *liar* (Lügner) mit einem so federleichten **R** auszusprechen, dass man es kaum mehr hört – *fi-ah*, *li-ah*. (Das ist ähnlich im Deutschen: „Das ist der Renner" wird meist „Das ist der Renna" ausgesprochen.)

Die Amerikaner haben das **R** immer schwer und unüberhörbar ausgesprochen, und wir tun es heute noch: *fi-ur*, *li-ur*.

Oder das **A**: Die Engländer sprechen das **A** gern weich und lang aus – *dance* heißt dann *daahnce*, *fast* ist *faahst* und *last* ist *laahst*.

Mit dieser neuen Mode wollen wir Amerikaner nichts zu tun haben – wir sprechen das **A** knapp und hoch aus: *dänce*, *fäst* und *läst* – wie schon Shakespeare es gesprochen hat.

Und das ist vielleicht die interessanteste Erkenntnis, die die Erforschung der Sprache von vor hunderten von Jahren uns gebracht hat:

Shakespeare sprach kein Oxford English. Auch seine Königin Elizabeth sowie die gesamte britische Aristokratie nicht.

Bis zum 19. Jahrhundert – bis zur Zeit von Queen Victoria – sprachen der Adel und die gebildeten Schichten einfach nur den Dialekt, der in London und Oxford üblich war – in allen Schichten. Die gesamte Upperclass sprach damals ähnlich wie der gemeine Arbeiter auf der Straße.

Erst im Laufe des 19. Jahrhunderts begann die britische Elite, das **R** und **A** auszusprechen, wie man das heute kennt – also das, was man in Deutschland *Oxford English* nennt.

Für diese Entwicklung waren Shakespeare und die amerikanischen Kolonien zu früh geboren. Die neumodische Eliten-Sprache ist an uns vorbeigegangen, und selbst wenn wir sie hätten: Wer sollte sie bei uns sprechen? Wir haben keine Könige, und ein Präsidentschaftskandidat, der so tut, als wäre er was Besonderes, hätte bei uns keine Chance. Wir sind gern bei der Sprache des einfachen Volks – und Shakespeares – geblieben. Vielleicht sind wir sogar ein wenig stolz darauf.

Aber was ist nun mit dem in Deutschland so beliebten *Oxford English*? Gibt es das überhaupt?

OXFORD ENGLISH

Auf der Suche nach dem wahren Englisch

Nur in Deutschland gibt es ein richtiges und ein falsches Englisch:

„Oxford Englisch" ist richtig, alles andere falsch. Aber bloß die Deutschen wissen das. In der englischsprachigen Welt weiß das kein Mensch.

Ich fragte mal einen britischen Journalisten, ob es *Oxford English* wirklich gibt. Seine Antwort lautete in etwa: „Ja, schon, irgendwie, glaube ich. Ist das nicht ein anderer Ausdruck für *King's English*? Moment ... gibt es *King's English* überhaupt noch?" Den Begriff *Oxford English* gibt es tatsächlich, aber was er bedeutet, war schon damals nicht ganz klar, und heute wird er außerhalb Deutschlands kaum noch verwendet.

Vermutlich leitet er sich vom „*Oxford English Dictionary*" her, der Urmutter aller Wörterbücher. Wer die Sprache des „OED" spricht, der spricht „Oxford-Englisch". Das Problem ist: Das „OED" enthält so ziemlich alles, was jemals auf Englisch gesagt wurde – nicht nur „das Richtige". Das Wörterbuch ist ja kein grammatisches Regelwerk, sondern eine objektive Bestandsaufnahme. So befinden sich im „OED" auch amerikanische, australische, schottische, Cockney und andere regionale Varianten. Da findet man das amerikanische *truck* einträchtig neben dem britischen *lorry*. Selbst das schöne amerikanische Wort *d'oh!* ist drin.

D'oh! ist ein typischer Spruch der amerikanischen Zeichentrickfigur Homer Simpson. Immer wenn er was Dummes tut, sagt er in einer schmerzhaften Anwandlung von Selbsterkenntnis: „*D'oh!*" – in der deutschen Synchronisation: „Nein!" Seitdem ist *d'oh!* ein Ausdruck für rasende Dummheit. Lange glaubte man, der Begriff sei eine freie Erfindung des Sprechers, der Homer Simpson seine Stimme lieh. Dann nahm das „OED" das Wort unter die Lupe und stellte fest, dass das Wort eine Abwandlung von *duh!* (gesprochen: daaah!) sei, was jedes amerikanische Kind kennt. Sagt jemand was Dummes, reagiert man darauf mit *duh!* (und schlägt sich mit der flachen Hand auf die Stirn):

> Kid 1: „*I don't think Sally really likes me, she just wants help with her homework.*" = Ich glaube nicht, dass mich Sally wirklich mag; sie will nur Hilfe bei ihren Hausaufgaben.
> Kid 2: „*Duh!*"

Auch weitere Recherchen ergaben interessante Zusammenhänge. In einem Interview gab der Homer-Simpson-Sprecher Dan Castellaneta an, er hätte das Wort von einer Figur aus den „Dick und Doof"-Filmen übernommen, die *d-o-o-o-oh* sagt, wenn etwas schiefgeht – eine Art familiengerechte Abwandlung des Schimpfworts *damn!* (Verdammt!). Besagte „Dick und Doof"-Nebenfigur wurde von James Finlayson gespielt, einem Briten. Das führte zu weiteren Recherchen, bei denen herauskam, dass die frühesten Beispiele von *duh* in England veröffentlicht wurden – und zwar 1945 in einer BBC-Sendung.

Homer Simpson spricht also „Oxford-Englisch".

Auf die Frage „Was ist richtiges Englisch?" kennt die englischsprachige Welt keine Antwort. Die Deutschen haben es da besser – bei ihnen gibt es das „Hochdeutsch", das sie einfach aufs Englische übertragen, indem sie „Oxford-Englisch" zum Standard erklären. Dazu kommt die große Nostalgie nach dem Mythos der vergangenen „feinen englischen Art". Das ist wohl auch ein Grund, warum das vermeintliche „Oxford-Englisch" in

Deutschland so wichtig ist: Es gibt jedem stinknormalen Menschen das Gefühl, er spräche wie ein Lord Mountbatten.

Bekannter als „Oxford-Englisch" ist bei uns Angloamerikanern der alte Begriff *King's English*, also die Sprache, die der König spricht. Wie der König das genau machte, wurde zumeist von Menschen beschrieben, die keine zwei Worte mit ihm gewechselt hatten. Als man irgendwann merkte, dass selbst in England nur ein verschwindend kleiner Teil der Bevölkerung *King's English* sprach, versuchte man, eine modernere Definition zu finden, und kam auf *Standard English* – die Sprache, die die meisten Menschen sprechen.

Allerdings bekamen die Sprachwissenschaftler auch mit diesem Begriff schnell Probleme, denn die meisten Menschen, die heute Englisch sprechen, leben nicht in Großbritannien. Also teilte man *Standard English* in verschiedene Varianten „Standard- Englisch des jeweiligen Landes" – ob nun britisches, amerikanisches oder *Standard Singapore English*. All das hilft aber nicht weiter bei der Frage: Was soll ich jetzt lernen? „Oxford-Englisch" oder amerikanisches Englisch?

Die einzig vernünftige Antwort darauf: völlig egal. Sie können sich um einen britischen oder amerikanischen Akzent bemühen, wie Sie wollen, ein leichter deutscher Akzent wird immer durchschimmern. Ich kenne Deutsche, die so gut sprechen, dass ich sage: „Er redet wie ein Engländer." Damit meine ich aber nicht: Er ist von einem waschechten Briten nicht zu unterscheiden. Denn die meisten Deutschen, die „Oxford-Englisch" sprechen, geben sich mehr Mühe als echte Engländer. Ich kenne einige Briten, aber keiner von ihnen spricht ein so deutliches „Oxford-Englisch" wie die Deutschen.

Es ist egal, ob Sie am Ende britisches, amerikanisches, transatlantisches oder deutsches Englisch sprechen. Viel wichtiger ist, dass man das Gefühl hat, Sie legen nicht jedes Wort auf die Goldwaage. Bleiben Sie im Fluss, wenn Sie reden, unterbrechen Sie sich nicht mittendrin, wenn's hakt, suchen Sie Alternativen und sprechen Sie einfach weiter – so wie Sie es auf Deutsch auch tun würden, wenn Ihnen ein Wort nicht einfällt. Englisch wird heutzutage mit so vielen verschiedenen Akzenten gesprochen, man unterscheidet nicht mehr zwischen richtig und falsch. Allerdings gibt es nichts Irritierenderes als einen Menschen, der etwas Interessantes zu erzählen hat, aber jeden zweiten Satz mit der Frage unterbricht: „War das richtig? Sagt man das so?"

Verstehen Sie mich nicht falsch: Wenn Ihr Lehrer im Fremdsprachenkorrespondentenweiterbildungskurs darauf besteht, dass Sie mit einem perfekten Nordwindsor-Akzent sprechen, wenn Sie sich in Cambridge als Professor für englische Literatur oder als Radiosprecher in New York bewerben, dann streben Sie ruhig nach Perfektion.

In allen anderen Fällen lassen Sie es.

DUSTBIN

Was macht ein Engländer mit seinem angesammelten Staub?

Jeder kennt den berühmten Spruch, der oft George Bernard Shaw zugeschrieben wird:

> „The English and Americans are two peoples divided by a common language" = „Die Engländer und Amerikaner sind zwei Völker, getrennt durch eine gemeinsame Sprache."

Der Spruch ist lustig, aber eine grobe Übertreibung.

In Wirklichkeit kennt jeder Amerikaner „Der Herr der Ringe", Harry Potter, die Beatles und Jane Austen, und jeder Engländer kennt „The Avengers", Hiphop und Stephen King – wir lernen die jeweilige Sprache jenseits des Atlantiks durch die Popkultur.

Als Kind war es für mich ein Abenteuer, britische Bücher zu lesen. Die kleinen Unterschiede machten die Bücher aus England irgendwie romantisch. Ich liebte manche Rechtschreibunterschiede – heute noch finde ich das *e* im britischen *grey* (grau) fast mystisch, aber das *a* im amerikanischen *gray* (grau) platt und langweilig. Einerseits finde ich das britische *lorry* (LKW – amerikanisch: *truck*) lächerlich; andererseits würde ich viel lieber in einer Londoner *flat* (Wohnung) leben als in einem amerikanischen *apartment*.

Das britische Wort, das mich als Kind mehr faszinierte als jedes andere, ist *dustbin* (Mülleimer). Warum *dust* (Staub)? Warum nicht einfach „Abfall" (*trash* oder *garbage* im amerikanischen, *rubbish* im britischen Englisch)? Wird in England der Staub irgendwie getrennt gesammelt und abgeholt, um dann irgendwo gewaschen und danach zurückgeschickt zu werden?

Die praktischen Unterschiede sind allerdings so gering, dass weder Amerikaner noch Briten sich große Gedanken darum machen – und Deutsche sollten es auch nicht. Wer als Deutscher „perfektes" Englisch sprechen will, übt lieber die Zeitformen als den Unterschied zwischen der amerikanischen *mail* und der britischen *post* (die übrigens in beiden Ländern benutzt werden).

Wer als Deutscher in New York *boot* (Stiefel) sagt und *trunk* (Kofferraum) meint, wird nicht des Landes verwiesen, sondern spätestens nach der ersten Nachfrage doch verstanden: *„Oh, you mean trunk, like the back of the car – you must have learned English in England."* (Oh, Sie meinten „Kofferraum" hinten am Auto – Sie müssen in England Englisch gelernt haben.) Wörter wie

> *trousers (BE) – pants (AE)* = Hose
> *holiday (BE) – vacation (AE)* = Urlaub
> *shop (BE) – store (AE)* = Laden
> *jumper (BE) – sweater (AE)* = Pulli
> *trainers (BE) – sneakers (AE)* = Turnschuhe

sind im jeweiligen anderen Land so weit verbreitet, dass es nicht auffällt, dass sie „falsch" sind. Klar, einige Begriffe sorgen tatsächlich kurz für Irritation – *chips* bedeutet in England „Pommes", in Amerika „Kartoffelchips", aber auch das ist so bekannt, dass ein Satz wie „*I mean 'chips' like in fish 'n' chips*" (Ich meine Chips wie bei „Fisch und Chips") schnell alles wieder klarstellt, und es gibt auch noch was zum Schmunzeln.

Die Vermischung der beiden Sprachvarianten ist so fortgeschritten, dass selbst ich, als amerikanisch-englischer Muttersprachler, oft nicht weiß, was in meiner Heimat „richtig" und was „falsch" ist.

Zum Beispiel benutzen die Briten gern ein **S**, wo wir Amerikaner ein **Z** verwenden: *appetiser, familiarise, organise* (BE) statt *appetizer, familiarize, organize* (AE). Oder man schreibt in England nur ein **L** am Ende eines Wortes statt zwei: *enrol* (sich einschreiben), *fulfil* (erfüllen), *skilful* (geschickt) (BE) statt *enroll, fulfill, skillful* (AE). Ich lese so viele Texte aus Amerika und England, dass ich gar nicht mehr versuche, sie auseinanderzuhalten – beim Schreiben tippe ich munter drauf los und überlasse die Korrektur meinem Computer.

-RE, -OU, -UE

Was der Deutsche unbedingt wissen muss

Zwischen dem amerikanischen und dem britischen Englisch gibt es drei Rechtschreibunterschiede, die so einfach voneinander zu unterscheiden sind, dass ich sie mir gemerkt habe – weil sie so absurd sind.

Meter, center, theater und ähnliche Wörter sprechen sich eindeutig mit **-er** am Ende aus – warum denn müssen die Briten das Ende absichtlich falsch schreiben – *metre, centre, theatre*? Dass sie es richtig schreiben können, wenn sie wollen, sieht man daran, dass sie Namen mit **-er**-Endungen ordentlich buchstabieren: niemand schreibt *Petre*, *Alexandre* oder *Christophre*.

Oder das unsinnige Binnen-**ou**: Amerikaner wie Briten sprechen ein **o** immer wie ein **o** aus – z. B. *color, behavior, favor*. Warum denn müssen die Briten ein **u** hinzusetzen – *colour, behaviour, favour*? Wollen sie die Franzosen beeindrucken?

Und das Unsinnigste von allen: das **-ue** am Wortende: Auf beiden Seiten des Atlantiks enden Wörter wie *analog, monolog* und *catalog* mit dem g. Punkt, aus. Nur die Briten können es nicht lassen und setzen noch ein überflüssiges, stummes **-ue** hinten dran, vielleicht einfach, weil sie Langeweile haben: *analogue, monologue, catalogue*.

Apropos absurd: Selbst in einer so wichtigen Frage wie „Wann ist ein Wort Einzahl und wann Mehrzahl?" kann niemand erklären, warum die Dinge so sind, wie sie sind.

Nehmen wir die sogenannten Kollektiva – Sammelwörter also, die in einem Wort gleich mehrere Elemente umfassen: Eine „Familie" ist im Deutschen Einzahl, obwohl sie immer mehrere Mitglieder hat.

Hier gehen wir Amerikaner d'accord mit den Deutschen: Für uns sind *family* und ähnliche Begriffe Einzahl, wie es sich gehört. Nicht so die Engländer – vielleicht finden sie es unlogisch, oder vielleicht wollen sie einfach anders sein – auf jeden Fall benutzt man Kollektiva in England häufig in der Mehrzahl:

> AE: The royal family is not amused.
> BE: The royal family are not amused.
> = Die königliche Familie ist nicht erfreut.

> AE: The government is watching you.
> BE: The government are watching you.
> = Die Regierung überwacht dich.

AE: The team is more important than the player.
BE: The team are more important than the player.
= Die Mannschaft ist wichtiger als der Spieler.

Aber auch hier gibt es eine völlig unerklärliche Ausnahme, diesmal bei uns Amerikanern: Wenn es um die Polizei geht, heißt es plötzlich in Amerika wie in England: Das ist Mehrzahl:

AE: The police are coming in 15 minutes!
BE: The police are coming in 15 minutes!
= Die Polizei ist in 15 Minuten da!

Warum die Ausnahme im Amerikanischen? Vielleicht, weil wir Amerikaner so viele Polizisten haben, dass wir uns nicht vorstellen können, nur einen allein anzutreffen. Ich weiß es auch nicht.

Abgesehen von den paar echten Unterschieden (*dustbin*? Echt, ich kann mir das heute noch nicht erklären) und lustigen Fehlern (*Leicester Square* hat mich für immer traumatisiert) regt sich niemand auf über *biscuits* (BE – Kekse) und *cookies* (AE) auf. Wenn eine Unklarheit entsteht, fragt man nach, man schmunzelt, erzählt eine lustige Anekdote aus dem letzten Amerika- bzw. London-Urlaub und quatscht munter weiter. Echte Missverständnisse sind rar.

Und wenn ein Deutscher sich entschuldigt, weil er das „falsche" Wort benutzt hat, oder wenn er den Redefluss unterbricht, um nach dem „richtigen" Begriff zu suchen, verpasst er die Gelegenheit, sich als Mann oder Frau von Welt zu präsentieren, weil er eben auf seinen Weltreisen exotische Begriffe aufgeschnappt hat und nichts dafür kann, dass die Erinnerung an seine Abenteuer in fernen Ländern sich unversehens in seine Sprache einschleichen.

Sprechen Sie endlich **Englisch** wie ein **Deutscher**!

Erst als ich anfing, auf Deutsch zu schreiben, begann ich mich mit dieser Sprache mal ernsthaft auseinanderzusetzen. Und entdeckte zu meiner Überraschung dabei den wichtigsten Unterschied: Deutsch analysiert, Englisch erzählt.

Es passierte, als ich mit meiner Co-Autorin Astrid Ule unseren ersten Roman „Nibelungenfieber" schrieb. Einen Roman zusammen mit einer Frau zu schreiben ist ähnlich laut, stürmisch und voller Missverständnisse wie eine Beziehung. Man gerät sich ebenso oft und leidenschaftlich in die Haare, nur dass man sich über interessantere Dinge streitet – wie etwa die Sprache.

Dazu kommt, dass Astrid eine sehr deutsche Herangehensweise hat, wenn es ums Schreiben geht. Sie kann tagelang an einzelnen Absätzen feilen, bis jedes Wort, jeder Punkt und jedes Komma hieb- und stichfest ist. Sie perfektioniert den Rhythmus und die Struktur, sie ist stolz darauf, alle relevanten Infos erfasst zu haben. Am Ende hat sie ein paar Absätze, die aus vollkommenen Sätzen bestehen und in denen jedes Detail sitzt. Sie ist die Frau für die Feinarbeit. Ich dagegen interessiere mich eigentlich nur für die grundlegende Geschichte: Wer macht was, und was passiert dann? Ich bin der Typ fürs Grobe.

Das führt zu Irritationen.

Es kommt schon mal vor, dass Astrid sich tagelang mit einer Szene beschäftigt, in der zum Beispiel Karl aus dem Fenster schaut und über die Sinnlosigkeit des Lebens nachsinnt. Irgendwann kommt sie dann stolz zu mir ins Büro und sagt:

„Hier, fertig: Was hältst du davon?"

„Was ich davon halte?", sage ich, nachdem ich es gelesen habe. „Es ist genial. Ich liebe es. Es sagt so viel aus. Und wie nachdenklich er in seinem Tee rührt – das ist einfach poetisch."

„Und?", meint sie mit wachsender Begeisterung. „Magst du es, wie er seine Stirn gegen das kalte Fensterglas presst, sein Atem an der Scheibe kondensiert und er dann die Muster des Wischlappens auf dem Glas erkennt, mit dem er das letzte Mal das Fenster geputzt hat, und er sich fragt, ob der streifenfreie Glanz, von dem die Putzmittelwerbung immer redet, nur eine weitere Lüge ist, auf die er in seinem Leben reingefallen ist?"

„Oh ja", sage ich, „sehr. Nur leider habe ich Karl schon vor drei Tagen aus der Geschichte rausgeschmissen – er spielt einfach keine Rolle mehr im weiteren Handlungsverlauf."

Diesem Unterschied in der deutschen und angloamerikanischen Mentalität begegne ich immer wieder. Die deutsche Literatur stellt gerne mal die Sprache in den Vordergrund und vernachlässigt dafür die Handlung. Schon Goethe war abstrakten Abschweifungen nicht abgeneigt. Er sah sich auch nicht ausschließlich als Erzähler, sondern vor allem als Denker und versuchte sich sogar als Naturwissenschaftler. Shakespeare war dagegen stark handlungsorientiert und schrieb fast nur Theaterstücke.

Diese verschiedenen Herangehensweisen haben die Erzähltraditionen beider Sprachen stark geprägt: Heute noch sind deutsche Schriftsteller in unseren Augen zu analytisch und verkopft, während angloamerikanische in Deutschland unter dem Ruf leiden, zu oberflächlich und handlungshörig zu sein. Sicher, Deutschland hat zwar neben Kant, Heidegger und Adorno große Erzähler wie Karl May und Frank Schätzing hervorgebracht, aber für jeden Winnetou gibt es in der angloamerikanischen Literatur fünf Sherlock Holmes, James Bonds, Miss Marples, Harry Potters und Frodo Beutlins. Andererseits haben auch wir wichtige Philosophen vorzuweisen, zum Beispiel Willard Van Orman Quine oder John Rawls ... Nie gehört? Ich auch nicht. Was wieder mal beweist: Nicht analytisch denken, sondern erzählen ist die große Stärke der Angloamerikaner.

THE

Der Briefträger, der den Hund biss

Es ist schwer, sich ein Wort vorzustellen, das die englische Sprache mehr geprägt, verändert und regelrecht beherrscht hat – und dies immer noch tut – als *the*. Noch zu Zeiten der germanischen Angelsachsen, die sich in einer Sprache namens „Altenglisch" unterhielten, unterschied man zwischen männlichen, weiblichen und neutralen Wörtern. Im Mittelalter fand dann eine merkwürdige Wandlung statt. Vielleicht hatte es damit zu tun, dass die Angelsachsen vom Kontinent abgeschnitten waren. Jedenfalls hörte man auf, zwischen männlichen, weiblichen und neutralen Begriffen zu unterscheiden und sagte einfach *the*.

Das änderte alles. Von diesem Zeitpunkt an war es nicht mehr möglich, einen Satz rückwärts zu sprechen. Das berühmteste Beispiel ist der Satz: *The dog bit the postman*. Geht man den Satz von hinten an, also mit „Briefträger" am Anfang statt am Ende, bekommt der Satz eine völlig andere Bedeutung: *The postman bit the dog.*

Auf Englisch ist diese Umstellung ein Problem, denn plötzlich ist der Briefträger derjenige, der eingeschläfert werden muss. Auf Deutsch ist die Umstellung kein Problem: „Den Briefträger biss der Hund" bedeutet genau das Gleiche wie „Der Hund biss den Briefträger". Diese Flexibilität wird mithilfe von „der", „die" und „das" erreicht. In diesem Fall von „den", ganz zu schweigen von einem Dutzend weiterer Wörter, angefangen bei „dem" bis zu „dessen", die wir im Englischen für völlig überflüssig erachten. Englisch hat nur *the*.

Einerseits ist das ein Vorteil – klar, man muss weniger auswendig lernen. Andererseits muss man immer darauf achten, dass der Briefträger als Erstes im Satz auftaucht. Die starre Reihenfolge unserer Sätze führt dazu, dass der natürliche englische Satz immer eine Geschichte erzählt:

1. Der Held
2. Seine Heldentat
3. Die Folgen

Das kennen Sie aus der Schule:

1. *Subject*
2. *Verb*
3. *Object*

Man sagt den Deutschen nach, sie seien steif, mögen keine Überraschungen und bräuchten feste Strukturen – aber das ist nichts gegen den englischen Satz. Da muss alles genau an seinem Platz stehen, und falls sich mal was woanders befindet, geraten wir in Unruhe und verstehen nur Bahnhof. Deutsch ist wesentlich flexibler. Schauen Sie sich einen typischen englischen Satz einmal genau an:

The naked woman shot the famous artist.

Auf Deutsch kann man sich von seinem Gefühl für Prioritäten leiten lassen: Glaubt man, das Wichtigste am Satz sei die nackte Frau, dann erwähnt man sie zuerst: „Die nackte Frau erschoss den berühmten Künstler." Hält man dagegen Kunst für wichtiger als Sex, schreibt man: „Den berühmten Künstler erschoss die nackte Frau." Ist man wirklich empört, kann man sogar mit dem Verb anfangen: „Erschossen hat die nackte Frau den berühmten Künstler!"

Diese Möglichkeiten gibt es auf Englisch nicht. Derjenige, der handelt, muss zuerst kommen, dann seine Handlung, danach erst die Folgen seiner Tat. Selbst in der Anleitung zum Aufbau eines Ikea-Regals findet man diese Reihenfolge:

> *Remove the shelves from the package.* = Entnehmen Sie die Bretter aus der Packung.
> 1. Held: Sie selbst – also derjenige, der seiner Frau versprochen hat, das verdammte Ding zusammenzuschrauben, und den Text nun lesen muss.
> 2. Tat: Das Auspacken nach wochenlangen Ausreden.
> 3. Folge: Der Karton ist leer, somit ist also der erste Schritt getan – man darf sich ein Bier genehmigen.

Die Deutschen sind da anders. Sie lieben Sätze, die weit ausholen, bevor sie zum Punkt kommen, wie ein Raubvogel, der von hoch oben aus den Lüften den Boden genau abcheckt, jedes Detail beobachtet (Gibt es Konkurrenten in der Gegend? Wie sind die Windverhältnisse? Wo sind die Fluchtmöglichkeiten?), bis er endlich in den Sturzflug geht und sich die Maus schnappt. Dazu ein Beispiel aus dem Artikel „Es grünt so schwarz" über die Möglichkeit einer schwarz-grünen Koalition:

„Dass die führenden Grünen sich eine Zusammenarbeit mit CDU-Leuten wie NRW-Integrationsminister Armin Laschet oder CDU-Generalsekretär Andreas Krautscheid vorstellen können, die bereits seit 15 Jahren gute Beziehungen zu ihnen pflegen, steht außer Frage."

Das ist ein guter Satz. Er teilt eine Menge mit, ohne überfrachtet zu sein; er hat einen eigenen Rhythmus und baut sogar Spannung auf. Der Autor schafft es, dem Leser die allerwichtigste Information – nämlich, dass es „außer Frage steht" – bis ganz zum Schluss vorzuenthalten. Chapeau! Stellen Sie sich vor, er hätte am Ende „glaubt kein Mensch" geschrieben. Der Satz hätte eine ganz andere Bedeutung bekommen.

Es ist auch einer dieser Sätze, die englische Übersetzer verrückt machen. Hier gibt es verschiedenste Möglichkeiten: Man könnte eine so komplizierte Formulierung wortwörtlich übersetzen – dabei baut man einen so verzwickten Satz auf, dass „steht außer Frage" mit Ach und Krach am Ende steht –, aber englische Muttersprachler würden daraus bloß schlussfolgern, dass der Übersetzer wohl betrunken war. Also setzt der Übersetzer das „steht außer Frage" ganz einfach an den Anfang, und der englische Leser ist zufrieden. Allerdings gibt es dafür Ärger mit dem deutschen Autor. Er war so stolz darauf, den Leser bis ganz zum Ende des Satzes nicht wissen zu lassen, worum es geht. Es ist in seinen Augen wesentlich literarischer, wenn das „steht außer Frage" erst zum Schluss kommt.

Erfahrene Übersetzer schauen sich ihre Kunden genau an, bevor sie solche Sätze übersetzen. Ist der Kunde einer dieser Typen, die stolz auf ihre komplizierte Wortwahl sind, dann übersetzen sie den Text genauso, wie er da steht. Der englische Leser kann den Text zwar nicht verstehen, aber der Kunde zahlt. Vertraut der Autor dem Übersetzer, dann stellt dieser den Satz so um, dass er für englische Leser verständlich ist.

Es ist diese Starrheit des *the*, die Englisch so erzählerisch macht, und es ist die hohe Flexibilität, die die deutsche Sprache so analytisch sein lässt.

Diese einfache Reihenfolge in jedem englischen Satz wirkt sich auf die ganze Sprache aus. Ein Deutscher, der Englisch beherrschen will, braucht sich erst mal nur eins zu merken:

Keep it simple!

Deutsche verspüren immer wieder den Drang, sobald sie einmal die Grundsätze der Sprache verstanden haben, auch beweisen zu wollen, wie gut sie das können. Sie versuchen, Sätze zu bauen, die so filigran und kompliziert sind wie deutsche Sätze. Sie haben das euphorische Gefühl, sie meistern gerade eine Fremdsprache, aber in Wirklichkeit erzeugen sie beim Muttersprachler Verwirrung auf ganz neuem Niveau.

Wer Englisch sprechen will, muss lernen, in Geschichten zu denken: Jeder Satz ist eine kleine Erzählung mit Held, Tat und Folge, und zwar meist in genau dieser Reihenfolge. Deutschen kommt das oft kindisch vor, nach dem Motto: „Wenn jeder es verstehen kann, habe ich mich nicht genug angestrengt." Doch während man hierzulande lange, komplizierte Sätze als literarisch wertvoll, intelligent und besonders gelungen ansieht, gelten auf Englisch eher knappe, verständliche Sätze als literarisch wertvoll, intelligent und besonders gelungen. Nicht nur ich bin der Meinung, dass der schönste Satz, der jemals auf Englisch geschrieben wurde, in der Bibel steht. Denn in der englischen Standardübersetzung (King James Version, John 11,35) heißt es:

„*Jesus wept.*" = Jesus weinte.

Ein ganzer Satz, ja, ein ganzer Absatz, der nur aus zwei Wörtern besteht und dennoch ergreift. Das ist reine Schönheit. In der Martin-Luther-Übersetzung heißt der gleiche Satz:

„Und Jesus gingen die Augen über."

BASTARD TONGUE

Das wortreiche Englisch

Englische Sprachwissenschaftler verkünden gern und zu jeder Gelegenheit, dass Englisch über mehr Wörter verfüge als jede andere Sprache der Welt. Deutsche Sprachwissenschaftler geben im Gegenzug regelmäßig bekannt, dass Deutsch mehr Wörter habe als Englisch. In Wahrheit weiß kein Mensch, wie viele Wörter es in einer Sprache wirklich gibt. Die Wörter können deswegen nicht zuverlässig gezählt werden, weil niemand genau weiß, was ein „Wort" ist. Das Wort „Fall" beispielsweise – zählt es als ein Wort oder als acht Wörter?

1. fallen
2. Fall
3. Abfall
4. Befall
5. Unfall
6. Verfall
7. Zerfall
8. Zufall ...
... um nur die wichtigsten zu nennen.

Das Englische besitzt diese Wörter natürlich ebenfalls. Es ist aber interessant, wie unterschiedlich sie aussehen:

1. *fall*
2. *case*
3. *garbage*
4. *infestation*
5. *accident*
6. *disintegration*
7. *dilapidation*
8. *coincidence*

Der Eindruck, Englisch verfüge über so viel mehr Wörter als andere Sprachen, entsteht dadurch, dass diese Wörter sich nicht im Mindesten ähneln. Das hat Vor- und Nachteile: Einerseits bedeutet es, man muss sich mehr Vokabeln merken, andererseits hat man eine größere sprachliche Bandbreite. Während im Deutschen neue Wörter effizienterweise sehr oft durch das Anfügen eines Präfixes an den Wortstamm entstehen („Fall" wird zu „Unfall"), ist Englisch eine Art Raubsprache, die unaufhörlich in fremden Sprachräumen wildert. Wir haben nicht nur aus dem Lateinischen, Altgriechischen und Französischen geklaut, sondern auch aus dem Arabischen, Spanischen, Japanischen und natürlich dem Deutschen. Und wir machen auch keinen Hehl daraus. – Während andere Kulturen Wert auf die Reinheit der Sprache legen und sich ab und zu gegen eindringende Wörter wehren, sind wir stolz darauf, dass bei uns alles geklaut ist. Mit einer gewissen Ironie bezeichnen Linguisten die Sprache sogar gern als „bastardisiert", z. B. der Sprachwissenschaftler John McWhorter in seinem viel beachteten Buch „Our Magnificent Bastard Tongue" (Unsere herrliche bastardisierte Sprache). Wir gieren nach neuen Wörtern, egal woher, wir verschlingen sie, wir wollen immer mehr ... Kann gut sein, dass wir inzwischen längst zu viele davon haben. Trotzdem schaffen wir es einfach nicht, damit aufzuhören. Es ist eine Art Sucht.

GERMAN ACCENT

Wenn Deutsche lustig klingen

Keiner glaubt mir. Jedenfalls keiner unter 16. Ich weiß auch nicht warum, aber es ist so. Immer wenn Fritz mit mir Englisch spricht, merke ich, wie er sich besondere Mühe gibt, alles richtig zu machen.

Dazu sage ich bloß: „Was strengst du dich so an? Du bekommst noch einen ganz roten Kopf. Wenn du zur Bank gehst, musst du nur genug Mathe können, um dein Konto zu checken – keiner verlangt von dir, gleich die letzten mathematischen Rätsel des Universums zu lösen. Du musst dich nur verständlich machen können, das ist alles. Es bricht einem ja der Schweiß aus, wenn man dir nur zuhört."

„Aber wenn ich noch mal in die USA reise, will ich nicht auffallen", meint Fritz. „Ich will nicht, dass alle mich angucken und sagen, das ist ein Deutscher."

„Warum nicht? Das macht dich doch exotisch."

„Ja, und alle glauben, ich sei wohl zu blöd, um richtig zu sprechen."

„Ah!", sage ich dann. „Das ist eine sehr deutsche Herangehensweise. Hier lernt man schon in der Schule, dass nichts Schlimmeres passieren kann, als einen Fehler zu machen. In der englischsprachigen Welt ist das anders. Solange man euch versteht, sind kleine Fehler wurscht. Viel wichtiger ist, dass man das Gefühl bekommt, hier spricht ein echter Mensch und kein Roboter. Und wenn du ein bisschen anders sprichst als andere, zeigst du Persönlichkeit."

„So ein Quatsch. Sprechen ist Sprechen. Es gibt richtiges und falsches Sprechen."

„Da muss ich mal was klarstellen, junger Mann", sage ich. „Niemand in den USA erwartet, dass du hundertprozentiges Englisch kannst. Und ehrlich gesagt: Dort gibt es so viele Einwanderer, die immer noch mit dem starken Akzent ihrer Heimat sprechen, dass perfektes Englisch eher die Ausnahme ist."

„Ich brauche keinen Trost", schnaubt er.

Ich konnte ihn nicht überzeugen. Aber zum Glück gibt es ja Youtube. Alles, was ein 16-Jähriger einem nicht abnimmt, wird er anstandslos glauben, sobald er es auf Youtube sieht.

Was haben ein beliebtes Model mit eigener Realityshow, ein Österreicher, der zuerst im Filmgeschäft, dann in der Politik Blitzkarriere machte, ein Youtube-Musiker mit schrägem Humor und ein Bayer, der die Weltpolitik der 1970er maßgeblich formte, gemeinsam?

Diese vier haben die bekanntesten deutschen Akzente Amerikas. Wenn Sie wissen wollen, wie sich das anhört, geben Sie einfach diese Namen bei Youtube ein: Heidi Klum, Arnold Schwarzenegger, Flula Borg und Henry Kissinger.

Henry Kissinger, der 1938 mit 15 Jahren vor den Nazis aus Fürth nach Amerika floh, spricht *which* immer noch wie *vich* aus und *the third thing* wie *se sird sing*.

In den 1980ern, auf der Höhe seines Filmruhms, galt Arnold Schwarzeneggers Aussprache als der am häufigsten nachgemachte Akzent Amerikas. (Ich fand es immer schade, dass seine Aussprache in den deutschen Fassungen ins astreine, langweilige Hochdeutsch synchronisiert wurde.) Jeder machte sich einen Spaß daraus, ihn nachzuäffen: Buchstaben wie „f" und „s" wurden in die Länge gezogen: Aus *of* wurde *uff* und aus *is* wurde *iss*. Die Laute „th" und „w" schien er gar nicht über die Lippen zu bringen.

Flula Borg, ein wahrer Youtube-Performer, nutzt seine Herkunft (er stammt aus dem fränkischen Erlangen) richtig aus: Seine Aussprache ist genau so, wie wir Amerikaner uns das vorstellen. Das „s" spricht er mit einem Anhauch von „z" aus, sein „th" entspricht beinahe einem „s", und seine Sätze klingen im harten Rhythmus eines Gänsemarschs.

Bei Heidi Klum ist es genau umgekehrt. Schon lange, bevor sie mit ihrer Realitysendung für Modedesign, „Project Runway", ins US-Fernsehen einstieg, war sie in den USA berühmt und beliebt. Das Erstaunliche: Einen deutschen Akzent hört man bei ihr so gut wie gar nicht. Woher kommt das? Man sagt Klum nach, dass sie sehr diszipliniert sei – vielleicht hat sie sich einfach eine fast einwandfreie Aussprache angeeignet. Vielleicht hängt es auch mit dem deutschen Schulsystem zusammen. Klums Generation wurde viel besser und früher im Englischen unterrichtet als Schwarzenegger und Kissinger.

Doch selbst sie benutzt immer wieder *in*, *for* und *about* auf eine Art, die im Deutschen richtig wäre, nicht aber im Englischen. Und man merkt ihr die „deutsche Zunge" an: Ihre Sprache klingt fast zu deutlich, ihre Silben etwas zu klar – wie deutsche Popsänger, wenn sie auf Englisch singen. Nur jemand, der aus einem anderen Sprachraum kommt, spricht so gewollt sauber.

Wenn also diese vier zu internationaler Bekanntheit gelangten Deutschen Englisch sprechen, kann man die vier typischsten Eigenheiten hören, die deutsche Muttersprachler beim Englischsprechen haben:

1. die übertriebene Trennung von Silben
2. oder das Gegenteil, das übertriebene Zusammennuscheln von Silben
3. *th*
4. *w*

Jochen zum Beispiel: Er trennt seine Silben stärker, als wir es tun. An Tagen, an denen er sich richtig anstrengt, habe ich das Gefühl, am liebsten möchte er an manchen Stellen noch einen Umlaut einfügen oder sein „r" rollen. Wenn er in einem New Yorker Steakhouse nichts weiter bestellen will als *„a brrreakfast burrrito, a barrrbecue burrrger and a brrraised brrratwurst"*, zuckt die Kellnerin zusammen und glaubt, Jochen marschiere gleich in Polen ein. Allerdings steht Jochen damit nicht allein – auch Kissinger zieht immer noch gern sein „r" und seine Vokale in die Länge: *Uooorder* statt *order* und *Irrraq* statt *Iraq*. Manche Wörter, die ein Angloamerikaner verkürzen würde, dehnt er erst recht. *Especially* wird bei uns meist mit drei, höchstens dreieinhalb Silben gesprochen: *espesch'ly*. Kissinger macht daraus fünf: *es-pesch-ie-al-ly*. Schwarzenegger tut das ebenfalls gern. Aus ein- und zweisilbigen Wörten macht er zwei- und dreisilbige: *before* wird zu *befowah* und aus *He's been murdered!* wird *He's been my-urdered!*

Fritz übertreibt inzwischen genau in die andere Richtung. Weil man uns Amis gerne nachsagt, wir würden sprechen, als hätten wir Kaugummi im Mund, glauben manche Deutsche, sie kämen in Amerika authentischer rüber, wenn sie lässig nuscheln. Mit der Folge, dass wir denken, da versucht einer mit uns zu reden, der gerade Kaugummi kaut. Fritz nuschelt also, so viel es nur geht. Erstaunlich, wie gut er darin ist. Ganze Sätze kann er aus dem Stegreif auf zwei oder drei Wörter reduzieren: *„I'mgonnagogeta ... whatchamacallit ... bebackinaminute!"*

Fritz ist damit nicht allein – Schwarzenegger zieht ebenso gerne mal feste Redewendungen zusammen: aus *of a* zaubert er *ufffa*. Und sein *What's the matter?* wird zu *Wadzemadda?*.

Was Kissinger und Schwarzenegger trotzdem gut verständlich macht, ist, dass sie es nicht übertreiben. Sie haben ihre Sprache so weit wie nötig verfeinert und dann aufgehört, ihre Aussprache zu perfektionieren. Man kann sie gut verstehen und zugleich als Deutsche identifizieren. Zudem als Deutsche, die souverän genug sind, nicht verzweifelt zu versuchen, jeden Restakzent auszumerzen.

Die Frage bleibt aber: Warum schaffen es solche Leute nicht, perfekt zu sprechen?

Ist Kissinger, ein Mann, der wirklich die Welt verändert hat und als Migrant in einem fremden Land Erfolge erzielte, von denen sein Schullehrer-Vater nie geträumt hätte, schlicht zu faul? Arnold Schwarzenegger lebt immerhin seit 1968 in den USA, war in den Jahren 2003 bis 2011 sogar Gouverneur von Kalifornien. Ist er einfach zu dumm? Sind alle Deutschen wie Flula Borg?

Im Gegenteil: Ich vermute, dass diese intellektuellen und höchst disziplinierten Menschen so gut wie akzentfrei sprechen könnten, wenn sie wollten. Nur, Kissingers Akzent sagt den Menschen, wer er ist: ein geflohener Jude, Migrant, Mann mit vielen Heimaten – ein *self-made-man*. Nicht unwichtig für einen internationalen Diplomaten. Schwarzeneggers Akzent ist sein Markenzeichen, eines seiner wichtigsten Merkmale. In seiner neuen Netflix-Serie „Fubar", in der er einen alternden CIA-Agenten spielt, äfft ihn seine Tochter gern nach und macht sich ständig über seine Aussprache und über sein Herkunftsland Österreich lustig.

Und wenn man bei Flula Borg genau hinhört, fällt auf, dass sein Vokabular erstaunlich groß ist, mit einem subtilen Gefühl für witzige Wörter, Wortspiele und Formulierungen. Und obwohl er rasend schnell spricht, versteht man ihn perfekt. Man ahnt, dass sein Englisch in Wahrheit perfekt ist – sein klischeehafter Akzent nur ein künstlerisches Mittel.

Selbst der glatten Heidi Klum steht ihr leichter Akzent gut. Im Gegensatz zu anderen Models, die auf erotische Distanz setzen, setzt Klum auf eine lockere Klein-Mädchen-Art. Damit wurde sie in Amerika zum Star, ihr Akzent macht sie unvollkommen und nahbar. Die Diva Naomi Campbell dagegen spricht mit einem britischen Akzent, den man in Amerika mit Snobismus, Aristokratie und Unnatürlichkeit verbindet. Von der Heidi würde keiner glauben, dass sie regelmäßig ihr Personal verprügelt – von Naomi schon.

Die Deutschen ahnen gar nicht, wie viel Wert wir Engländer und Amerikaner auf eine charakteristische Aussprache legen. Möglicherweise kommt das hierzulande durch die Synchronisation englischsprachiger Filme, denn dabei gehen die verschiedenen Akzente der US-Schauspieler einfach verloren. Manche Prominente haben sogar bewusst eine eigene Aussprache erfunden und sind damit zu Stars geworden.

Der bekannteste erfundene Akzent ist der *mid-atlantic accent*, auch *boarding house accent* genannt („Internatsaussprache": Kinder, die zur Ausbildung nach Europa geschickt wurden, klangen komisch, als sie zurückkehrten), der vor allem in den

1940ern beliebt war. Ein *mid-atlantic accent* entsteht, wenn man versucht, weder zu britisch noch zu amerikanisch zu klingen: Man schleift einige Laute und Begriffe weg und erreicht so einen transatlantischen Kompromiss, der sich ein bisschen exotisch anhört. Und jeder Akzent ist ein wenig anders, weil ihn jeder neu für sich erfinden muss. Es gibt nämlich keine Insel mitten im Atlantik, wo man mit einem *mid-atlantic accent* aufwächst.

Amerikanische Schauspieler wie Katharine Hepburn, Bette Davis, Douglas Fairbanks Jr. und Vincent Price haben ihn oft eingesetzt. Ebenso britische Hollywood-Kollegen wie Anthony Hopkins, Richard Chamberlain sowie Kanadier wie Christopher Plummer und Lorne Greene, aber auch Briten in England wie der BBC-Moderator Gary Davies noch in den 80ern. Selbst unter Intellektuellen ist diese Aussprache beliebt. Sogar Präsident Franklin D. Roosevelt schmückte sich mit solch einem erfundenen Akzent: In seinem berühmten Spruch *„The only thing we have to fear is fear itself"* sagt er nicht *fear*, sondern *fee-ah*.

In Amerika ist diese Aussprache heute nicht mehr so angesagt, gilt aber immer noch als Zeichen der *upper class*: Die beiden Möchtegernsnobs in der Sitcom „Frasier" redeten ständig so. Und der berühmteste *mid-atlantic accent* gehörte dem gebürtigen Briten Cary Grant. Von Haus aus sprach Grant mit einem Bristol-Akzent, eignete sich dann auf den Vaudeville-Bühnen Londons eine Art Cockney an und erfand schließlich in Hollywood einen ganz eigenen Akzent. Er wurde dafür berühmt, sein Akzent war eine Art eleganter Witz, den alle nachmachten – sogar Tony Curtis: In einer Szene im Klassiker „Some Like it Hot" („Manche mögen's heiß") versucht er, Marilyn Monroe zu beeindrucken, indem er sich als reicher Schnösel ausgibt und eins zu eins Cary Grant nachmacht.

Was lernen wir daraus? Eine perfekte Aussprache ist nicht nur unnötig, sie ist nicht mal erwünscht. Ein verständlicher deutscher Akzent verleiht seinem Sprecher Profil. Erst er macht aus einer glatten, gelernten Sprache eine lebendige Sprache mit Persönlichkeit.

Im Grunde müssen Sie bloß auf vier Dinge achten, was die Aussprache betrifft: Wie schon erwähnt, hilft es, die Silben weder überdeutlich zu trennen noch sie zusammenzunuscheln. Darüber hinaus ist Ihnen das nervige, widerspenstige *th* bestimmt schon aufgefallen, während uns das berüchtigte deutsche *w* nicht entgangen ist.

INTERFERENCE

Die Muttersprache hat immer recht

Eine der größten Freuden beim Deutschlernen war für mich, neue Einblicke in die Denkweise der hiesigen Landesbewohner zu bekommen. Die Deutschen denken anders als die Engländer und Amerikaner, und das hat eine Menge mit der Sprache zu tun. Bedingt durch die jeweilige Muttersprache lernen Deutsche und Amerikaner schon als Babys eine etwas andere Sichtweise auf das Leben.

Sprachwissenschaftler sind fasziniert davon und machen ständig Experimente wie beispielsweise das folgende: Einige deutsche und spanische Muttersprachler wurden gebeten, eine Brücke, eine Uhr und eine Violine zu beschreiben. Die Deutschen benutzten wiederholt feminine Wörter wie „schlank", „elegant" und „schön", während die Spanier eher männliche Begriffe wie „mächtig", „verlässlich" und „erhaben" verwendeten. Klar: „Brücke", „Uhr" und „Violine" sind im Deutschen weiblich, im Spanischen jedoch männlich. Der männliche beziehungsweise weibliche Artikel, der dem Wort vorangestellt wird, bestimmt, wie wir über ein Objekt denken.

Da überrascht es niemanden, dass ein Spanier, wenn er Deutsch spricht, sich ab und zu Sätze leistet wie: „Der Mann mit dem Violine stand auf dem Brücke und schaute auf den Uhr."

Sprachwissenschaftler nennen dieses Phänomen Interferenz. Man überträgt die Strukturen der Muttersprache auf die Fremdsprache. Auf Deutsch ist es zum Beispiel völlig normal, ein Mädchen als „es" zu bezeichnen. Doch nennen Sie auf Englisch einmal ein Mädchen, ein Kind oder ein Großmütterchen *it* – keiner wird Sie je wieder als normalen Menschen betrachten. Hannibal Lecter, der Serienmörder aus „Das Schweigen der Lämmer", hat über seine Opfer auch immer als *it* gesprochen.

Die Interferenz fiel mir schon als Englischlehrer auf. Egal welchen Hintergrund, Beruf oder welche Bildung meine ausschließlich deutschen Schüler hatten, alle machten sie die gleichen Fehler: Sie sagten *finished* statt *ready*, *so good as* statt *as good as* und *hairs*. Das sind alles typisch deutsche „Interferenz-Fehler", hier funkt einem die Muttersprache dazwischen.

Solche Fehler sind deswegen interessant, weil sie zeigen, wo die Deutschen anders denken als Engländer oder Amerikaner: Sie neigen dazu, den Menschen in der Gruppe nicht genauso zu betrachten wie das Individuum. Sie denken abstrakt, wo ein Angloamerikaner konkret denkt. Sie haben das unerklärliche Bedürfnis, im gleichen Satz nicht nur die Fortbewegungsart, sondern auch gleich das Fortbewegungsmittel zu nennen. Und sie scheinen – zumindest aus unserer Sicht – jedes einzelne Haar auf ihrem Körper mit Namen zu kennen.

Und dann das mit den Tieren. Die Deutschen machen ein großes Aufheben um die Tierrechte, aber tief im Herzen setzen sie das Tier nicht mit dem Menschen gleich. Ganz anders wir Angloamerikaner.

TH

Th ... th ... thorry!

An dieser Stelle möchte ich mich ausdrücklich – und zwar im Namen der gesamten angelsächsischen Welt – für das *th* entschuldigen. Ich weiß auch nicht, welcher zahnlückige, lispelnde, dauerbesoffene Vorfahr uns das eingebrockt hat. Wissen Sie, wir Engländer und Amerikaner, wir wissen gar nicht, was wir Ihnen damit antun. Wie gemein eine Sprache überhaupt zu Leuten sein kann, die nicht mit ihr aufgewachsen sind, ahnte ich zwar in meiner Schulzeit, dass es sich mit Englisch aber genauso verhält – ehrlich, ich hatte keine Ahnung.

In meiner Jugend, als ich noch glaubte, ich könnte alles schaffen, habe ich einmal den waghalsigen Versuch gestartet, Französisch zu lernen. Ich scheiterte zwar, aber dafür lernte ich etwas sehr Wichtiges fürs Leben: Es gibt Sprachen auf dieser Erde, die es darauf anlegen, anderen das Leben schwer zu machen – und dazu gehört Französisch. Oder wie sonst wollen Sie so etwas wie die französischen Zahlen erklären? Wenn die Franzosen in der Lage waren, Wörter für 20 und 30 zu erfinden, warum waren sie plötzlich nicht mehr imstande, sich Wörter für 80 und 90 zu überlegen? Waren sie bis dahin zu betrunken? Wer 84 meint, muss nun vier mal 20 plus vier sagen: „quatre-vingt-quatre". Sie können mir nicht erzählen, dass die Franzosen unter sich so zählen. Nein, es geht ihnen allein darum, die Nicht-Franzosen fertigzumachen. Unter sich sagen sie bestimmt ganz einfach: 84. Wenn ich in Frankreich bin, kaufe ich aus Prinzip nie irgendwelche Dinge, die mehr als 79 Euro kosten.

Leider, das muss ich zugeben, haben neben den Franzosen auch die Engländer ein, zwei gute Möglichkeiten gefunden, Ausländer – darunter vor allem die Deutschen – zu quälen.

Es gibt keinen Laut, der einen Deutschen so verrät wie das *th*. Sobald er nur den Mund aufmacht, kommt kein *th* raus, sondern ein *s* oder *d*. Wenn Sie in England oder Amerika als Deutscher unerkannt bleiben wollen, gibt es nur eine Möglichkeit: Wörter mit *th* vermeiden. Wieso auch nicht? In Deutschland sind Sie auch gut ohne *Thanksgiving* ausgekommen, *thinking* halte ich sowieso für überbewertet, und falls Sie sich mal bedanken wollen, sagen Sie statt *thank you* einfach *I am overwhelmed by deep emotions of gratitude*. (Ich bin überwältigt von tiefen Gefühlen der Dankbarkeit.)

Der berühmteste und beliebteste deutsche *th*-Sprecher neben Arnold Schwarzenegger ist Sergeant Schultz. Während Schwarzenegger *th* mit Vorliebe als *d* ausspricht, ging Sergeant Schultz einen anderen Weg. Die lang laufende, damals unter Kids beliebte Sitcom aus den 1960ern namens „Hogan's Heroes", die in Deutschland unter dem Titel „Ein Käfig voller Helden" lief, handelte von einer Gruppe alliierter Kriegsgefangener in einem deutschen Gefangenenlager, die ihre tollpatschigen Aufseher ausspionierten und auch sonst auf jede erdenkliche Art an der Nase herumführten. Unter den bösen Deutschen befand sich der moppelige, gutmütige und nicht unangenehm helle Sergeant Schultz, der Hogan und seine Helden bewachen sollte.

Bekam Schultz Wind davon, dass Hogan etwas Verbotenes tat, was natürlich ein schlechtes Licht auf ihn werfen würde, hatte Schultz die immer gleiche Ausrede parat. Er ignorierte das Problem einfach – vernünftigerweise, muss man sagen. Und dann gab er seinen Spruch von sich: „Ich weiß von nichts! Von nichts!" Doch anstatt das *th* in *nothing* auszusprechen, rief er: „*I know nossing! Nossing!*"

Als Kinder liebten wir den alten Schultz – der übrigens eine Menge über deutsche Aussprache wusste, weil er von Johann Banner, einem vor den Nazis geflohenen österreichisch-jüdischen Schauspieler dargestellt wurde. Heute noch ist der Spruch weithin bekannt. Sollten Sie jemals in Schwierigkeiten geraten, weil Ihnen das *th* wieder mal falsch entschlüpft ist, greifen Sie ruhig auf Sergeant Schultz zurück: *„I know nossing! Nossing!"*

Das *th* ist so schwer zu treffen, weil es nichts weiter als ein zarter Lufthauch ist, der scheu an der oberen Zahnreihe vorbeihuscht und dabei einen Laut annimmt. Stellen Sie sich das *th* ganz poetisch als Schmetterling vor, den Sie mit einem Glas fangen wollen. Sie stülpen das Glas über den Schmetterling und schieben einen Bierdeckel darunter. Der Glasrand muss flach auf dem Bierdeckel liegen, sonst quetscht sich der Schmetterling durch und fliegt weg.

Ihr Gaumen formt das umgedrehte Glas. Die oberen Schneidezähne sind der Glasrand. Der Bierdeckel, mit dem Sie das Glas von unten abdecken, ist Ihre Zunge. Die Zungenspitze muss flach und luftdicht an der oberen Zahnreihe liegen. Sie müssen Ihre Schneidezähne auf Ihrer Zunge spüren können. Wenn Sie jetzt Luft in den Gaumen pusten, kann sie nicht raus, weil Ihre Zunge den oberen Mundraum abschließt. Nun senken Sie die Zungenspitze ab, ganz wenig nur, ganz dezent, lassen der Luft einfach ein wenig Vortritt, und schon presst sich der Luftzug hindurch und entfliegt: *th*.

Farewell, little th!

Sagt man *s* wie Sergeant Schultz oder *d* wie Schwarzenegger, dann liegt die Zunge nicht gleichmäßig an den oberen Zähnen an, sondern weiter hinten am Gaumen. Beim *s* hängt die Zunge locker am Gaumen und lässt zu viel Luft durch. Beim *d* presst sich die Zunge am Gaumen fest – da passt kein Blatt Papier durch –, und wenn die Zunge wieder locker ist, stolpert das harte *d* raus. Egal ob *s* oder *d*, die Zungenspitze ist zu weit hinten und zu hoch – nicht am Gaumen soll sie liegen, sondern die obere Zahnreihe abschließen.

Nach so vielen Jahren in Deutschland bin ich mir eigentlich sicher, inzwischen ganz gut erklären zu können, wie ein *th* funktioniert. Außer bei Charlotte.

Immer, wenn wir uns darüber unterhalten, endet es damit, dass sie behauptet, sie würde eher einen Kirschstängel mit ihrer Zunge im Mund zu einem Knoten schlingen können, als jemals das *th* zu beherrschen. Vielleicht hat es damit zu tun, dass sie in der Schule ein traumatisches Erlebnis mit dem Thema hatte. Nach mehreren Gläsern Wein gab sie eines Abends endlich zu, sich in der Englischstunde immer geschämt zu haben, weil sie beim *th*-Üben ständig den netten Banknachbarn vollgespuckt und es deshalb irgendwann vorgezogen hatte, vornehm zu schweigen.

„*I don't think I'll ever learn it*", seufzte sie.

„Aber Charlotte – das war gerade richtig!"

Es musste am Wein liegen. War sie beschwipst, ließ sie jedes Streben nach Perfektion fahren. Die Wörter rollten ihr ungehindert von der Zunge, und sie traf jedes *th* wie eine Opernsängerin das hohe C.

Doch als ich ihr sagte: „He! Du kannst *th* aussprechen! Sag doch mal *The theory of thermodynamic therapy thievishly thickens things for thousands of thirsty thumbsucking thugs!*", schnaubte sie nur irgendwas eindeutig Amerikanerfeindliches, in dem wiederholt die Wörter „Blaukraut" und „Brautkleid" vorkamen.

W

Au Veia!

Warum so viele Deutsche Probleme mit unserem *w* haben, ist mir unerklärlich. Es gibt keinen Grund dafür. Es sei denn, einen psychologischen. Und damit meine ich Sturheit. Dies vermute ich zumindest, seitdem ich mich mit Jochen darüber in die Haare bekam. Er hatte wieder mal große Pläne. Diesmal wollte er Schauspieler werden und zwar gleich in Hollywood, weil man dort wahres Talent sofort erkennt, auch ohne dass man vorher auf einer Schauspielschule gewesen sein muss oder sonst irgendwelche Erfahrungen gesammelt hat.

„Das ist eine Superidee", sagte ich. „So wie du dein *w* betonst, kannst du auf der Stelle jeden Nazi spielen." Jochen sprach nämlich wie so viele Deutsche, sein englisches *w* wie ein deutsches „V" aus. „Sag mal *Vee haff vays off making you talk!*", forderte ich ihn begeistert auf.

Statt meinen Vorschlag dankbar aufzunehmen, explodierte er. „Das ist genau das Problem mit euch Amis", schnaubte er. „Ihr seht uns immer nur als Nazis. Weißt du überhaupt, dass wir den Airbag erfunden haben? Davon redet keiner."

„Och komm jetzt. Sei nicht eingeschnappt. Sag nur einmal für mich: *Vee haff vays off making you talk!*"

„Nazis spielen! Mehr wollt ihr nicht von uns! Du kannst dein Hollywood nehmen und es dir sonst wo hinstecken und dein *Vee haff vays off making you talk!* auch!"

Leider musste Hollywood dann doch auf Jochen verzichten. Dafür komme ich ab und zu – wenn wir beim Bier sitzen und ich ihn ganz lieb bitte – in den erhabenen Genuss, ihm zu lauschen, wie er in perfektem Deutsch-Englisch „*Vee haff vays off making you talk!*" sagt.

Das berühmteste deutsche *w* in der englischsprachigen Welt stammt nicht aus Deutschland, sondern aus Hollywood: Im Film „The Lives of a Bengal Lancer" (Bengali) von 1935 legt sich eine Kavallerieeinheit der britischen Kolonialtruppen in Indien – die *Bengal Lancers* – mit dem Kriegsherrn Mohammed Khan an. Als dieser vorübergehend die Oberhand gewinnt, will er aus drei mutigen *Bengal Lancers* Informationen herauspressen, und dafür schreckt er vor nichts zurück. Die kommende Folter kündigt er mit den Worten an: „*We have ways of making men talk.*" (Wir wissen, wie man Männer zum Reden bringt.)

Obwohl der Film bald in Vergessenheit geriet, wurde der Spruch in der Variante *We have ways of making you talk* zum geflügelten Wort. Gern mal als nicht ganz ernst gemeinte Drohung unter Freunden: „Willst du mir nicht verraten, was ich zum Geburtstag kriege? *We have ways of making you talk!*"

Weder im Film noch unmittelbar danach hatte der Spruch irgendwas mit Deutschland zu tun. Doch dann vollzog sich ein merkwürdiger Wandel. Wann genau es dazu kam, weiß kein Mensch, aber ich vermute stark, es hatte etwas mit dem Zweiten Weltkrieg zu tun. Aus *We have ways of making you talk* wurde auf einmal ein ziemlich deutsch klingendes: *Vee haff vays off making you talk!*

Etliche Zeitungen in Amerika und England wandeln noch heute den Spruch ab, wenn sie über etwas Merkwürdiges aus Deutschland berichten, so in der Schlagzeile des „Daily Mail" über die Aufführung der umstrittenen Nazi-Musical-Comedy „The Producers" in Berlin: „*Ve have vays of making you laugh!*" Auch Woody, Hauptfigur des Kinofilms „Toy Story", wird mit diesem Spruch gedroht, als der böse Nachbarsjunge ihn foltern will, und die Muppets benutzten mal diese Variante: *Ve haff vays of making you stop talking!*

Das ist für uns Angloamerikaner der urdeutsche Akzent – aus unserem weichen *w* wird ein hartes *v*.

Warum die Deutschen es nicht schaffen, *way* statt *vay* zu sagen, ist mir schleierhaft. Es müsste doch eigentlich ganz leicht sein, denn dieses weiche, fast stumme *w* gibt es bereits im Deutschen – am Ende von Wörtern wie Bülow und Rudow. Nun könnten Sie einwenden, dass man das W in Bülow und Rudow eigentlich gar nicht ausspricht: Man beendet das Wort einfach mit O. Stimmt ja auch. So wird's gemacht. In dem Moment, in dem Sie Bülow beenden, den Mund aufmachen und das *ay* dranhängen, haben Sie das *w*: „*Büloway … Üloway … Loway … Oway … Way.*"

Wenn Marlon Brando nuschelt, ist das Kunst

Neuerdings wird die Idee des *Standard English* modernisiert. Immer häufiger ist die Rede von Begriffen wie *TV English* oder *BBC English* – realistischerweise –, denn in Amerika wie in England (übrigens auch in Deutschland) setzt heute weder der König noch das „OED" den Standard für die gesprochene Sprache, sondern das Fernsehen, geben wir's ruhig zu. Das ist vor allem für die Deutschen gut zu wissen, welche verzweifelt nach einem „Hochenglisch" suchen. Es ist nämlich nicht leicht, von der Queen selbst *Queen's English* zu lernen, während jeder britisches (oder amerikanisches) Fernsehen im Original auf DVD gucken kann.

Oft passiert Überraschendes, wenn man sich zum ersten Mal einen Film im englischen Original anschaut. Jochen war erstaunt, dass er überhaupt etwas mitbekam, nachdem ich ihn in den ersten fünf Minuten daran hindern konnte, wieder aus dem Kino rauszurennen.

„Nach zehn Minuten hab' ich tatsächlich alles verstanden", sagte er verblüfft. „Das lag daran, dass die Schauspieler nicht genuschelt haben. Heutzutage nuscheln in diesen Hollywood-Filmen die Typen alle", setzte er mit der natürlichen Verachtung des gebildeten Europäers hinzu. „Damals konnten sie noch richtig sprechen."

Wir waren zusammen in die Originalfassung eines alten Kinofilms gegangen: „To Be or Not to Be" von Ernst Lubitsch aus dem Jahre 1942. Jochen war gut in Englisch, aber noch nicht originalversionserprobt. Deshalb hatte er befürchtet, er würde den Film gar nicht verstehen.

Es hat einen Grund, warum einige frühe amerikanische und zahlreiche britische Filme leichter zu verstehen sind als die meisten modernen Hollywood-Filme. Er heißt *The Method*.

The Method ist eine Art zu spielen, die von Lee Strasberg in den 1950ern in New York entwickelt wurde. Strasberg war sicher der einflussreichste Schauspiellehrer Amerikas. Seine berühmtesten Schüler waren Marlon Brando, Paul Newman, Dustin Hoffman, Al Pacino und natürlich Marilyn Monroe, die ihm 75 Prozent ihres Vermögens vermacht hat.

Strasberg, der viele seiner Ideen wiederum vom russischen Schauspiellehrer Konstantin Stanislawski hatte, strebte nach einer realistischeren Darstellung auf der Bühne. Also ermunterte er seine Schüler, sich in die Menschen, die sie spielen sollten, hineinzudenken. Wer einen Cop spielte, sollte nicht nur seine Dialoge beherrschen, er sollte auch wissen, was ein Cop denkt, isst, wie er lebt und was er für ein Auto fährt. Er sollte zum Cop werden. (Diese Methode wird oft in Komödien hochgenommen wie zum Beispiel in „Tootsie", als Dustin Hoffman in einem Werbespot versucht – wenn ich das noch richtig im Kopf habe –, sich in das Innenleben eines Gemüses einzufühlen.)

Teil der „Methode" war es, so zu sprechen, wie echte Menschen das tun. Bis dahin hatte man in der britisch-englischen Bühnentradition gesprochen – so klar und deutlich wie möglich. Jetzt sagte man sich: Im echten Leben spricht kein Mensch so. Also begann man zu „nuscheln", wie die Deutschen das leicht befremdet beschreiben. Der berühmteste „Nuschler" ist sicher Marlon Brando. Seine mundfaule und überaus sexy Aussprache nachzumachen gehört immer noch zu den beliebtesten Witzen unter Filmfans.

Wer als Deutscher das Nuscheln der Stars nicht versteht, muss sich nicht schämen. Selbst ich verstehe manchen Satz im Kino nicht. Das ist normal – jeder Englischsprechende macht diese Erfahrung regelmäßig, denn auch beim Hören von Popliedern geht manches unter. (Das irritierte Jochen sehr, anfangs lehnte er sich oft zu mir und flüsterte: „Was hat er gesagt?" Und ich sagte: „Weiß nicht." Dann sah er mich an, als ob ich frühzeitig dement wäre. Mittlerweile, um diesem Blick zu entgehen, erfinde ich einfach irgendwas.)

Dies ist also die Ursache, warum Hollywood-Filme aus den 1940ern oft besser zu verstehen sind als die danach – solange die Originaltonspur nicht gelitten hat. Obwohl *The Method* heute auch von vielen britischen Schauspielern praktiziert wird, herrscht in einigen Filmen immer noch die alte Bühnentradition des artikulierten Sprechens – manche nennen sie die *Shakespearian tradition*. Für einen Amerikaner kommt diese Art zu sprechen zwar sehr kultiviert rüber, jedoch wenig realistisch. Das ist einer der Gründe, warum wir Amis synchronisierte Filme ablehnen und bei ausländischen Filmen lieber Untertitel lesen. Wer im Studio einen fertigen Film synchronisiert, tut dies meist sehr klar, deutlich und nüchtern, fast monoton.

Wer mithilfe von Kinofilmen oder DVDs im O-Ton sein Englisch auffrischen will, braucht ein wenig Durchhaltevermögen, wird aber dafür eine überraschende Erfahrung machen. Hier gibt es drei Möglichkeiten:

- mit deutschen Untertiteln
- mit englischen Untertiteln
- ohne Untertitel

Letzteres ist nichts für Anfänger, doch wer schon etwas besser mit der Sprache vertraut ist, sollte es versuchen. Allerdings ist das erste Mal oft enttäuschend. Es dauert ein wenig, bis sich das Ohr auf die neue Sprache eingestellt hat. Selbst als erfahrener Fremdsprachen-Sprecher versteht man in den ersten zehn bis 15 Minuten wenig. Es wird einfach zu schnell und mit zu viel Akzent gequasselt. Plötzlich aber erlebt man ein merkwürdiges Phänomen – irgendein Schalter im Kopf wird umgelegt, und man versteht Schlag auf Schlag immer mehr. Bloß die ersten Minuten Frust muss man durchstehen.

Wer jedoch nach einer Stunde immer noch nur Bahnhof versteht, sollte es vielleicht in einem halben Jahr erneut probieren. Eins sollten Sie auf jeden Fall vermeiden, so verlockend es auch ist: die deutschen Untertitel einzuschalten. Sie werden nur noch lesen und von der gesprochenen Sprache kaum was mitbekommen – ganz zu schweigen vom Film selbst.

Meiner Erfahrung nach schaut man am besten mit englischen Untertiteln, denn so ist es weniger anstrengend. Und wann immer Lernen Spaß macht, bekommt man Lust auf mehr.

Mit diesem Thema haben sich sogar Forscher des Max-Planck-Instituts im niederländischen Nijmegen beschäftigt. Sie ließen englischkundige Niederländer schwierig zu verstehende Filme in der Originalfassung mit schottischem, irischem oder australischem Dialekt gucken. Eine Gruppe schaute sie mit niederländischen Untertiteln an, eine mit englischen. Das Resultat war verblüffend: Diejenigen, die die Filme mit englischen Untertiteln sahen, hatten nicht nur mehr von der Geschichte begriffen, sondern sogar neue englische Wörter gelernt.

Das Ganze hat natürlich auch Nachteile. Zumindest für mich. Denn seit Jochen die Freuden des Originalversionschauens entdeckt hat, hat er sich die Hälfte meiner DVD-Sammlung ausgeliehen – und mit jedem Monat schwindet meine Hoffnung, dass ich sie je wiedersehe.

MARMALADE VS. JAM

Verstehen wir uns richtig?

Ich bin ein großer Fan von Toast mit Orangenmarmelade. Nicht, weil Marmelade mir besonders schmeckt, sondern einfach weil ich das Wort „Marmelade" liebe. Immer wenn ich eine Orangenmarmelade öffne oder nur das Wort höre, erinnere ich mich an eine der wichtigsten Begegnungen meiner Kindheit: die mit *Paddington Bear*. Wie viele Amerikaner hörte auch ich zum ersten Mal solch exotische Wörter wie *marmalade* in britischen

Kindergeschichten, und wie alle amerikanischen Kinder stellte auch ich mir vor, dass *orange marmalade* was ganz Besonderes sei – viel besser als *jam* und *jelly*, die mir meine Mutter auf mein *peanut butter sandwich* schmierte. Ständig meckerte ich über die schnöde *jam* und dass wir hier in Amerika keine *marmalade* kriegen, bis meine Mutter eines Tages eine Bekannte bat, mir von ihrer Englandreise doch ein Glas Orangenmarmelade mitzubringen.

Das war ein Erlebnis, kann ich Ihnen sagen. Sofort, gleich beim ersten *peanut butter and marmalade sandwich,* machte ich zwei wichtige Entdeckungen:

> 1. Diese bittere *orange marmalade* ist ganz schön gewöhnungsbedürftig, und
> 2. *marmalade* ist bloß ein anderes Wort für *jam*!

Damals vor zwei Jahren, als Fritz noch vor seiner allerersten Amerikareise stand, erkundigte er sich jeden zweiten Tag besorgt bei mir: „Aber wenn ich nach Amerika fahre und dort ‚Oxford-Englisch' spreche, versteht man mich dann überhaupt?"

Wochenlang hatte ich ihm eingeimpft: „Mach dir keine Sorgen deswegen. Die Unterschiede zwischen britischem und amerikanischem Englisch sind so gering, dass sie nicht ins Gewicht fallen. Wenn dir das amerikanische Wort für Ferien nicht einfällt, sag *holiday*, sie werden schon kapieren, was du meinst. Und wenn du nicht weiterweißt, frag einfach."

Zu viele Deutsche nehmen diesen Witz von Oscar Wilde wörtlich: *We have really everything in common with America nowadays, except, of course, language.* „Kein Mensch in England macht sich Sorgen, dass er Melville, Twain, Hemingway oder gar einen ‚Avengers'-Film nicht versteht", beruhigte ich den skeptischen Fritz. „Genauso weiß der Durchschnitts-Amerikaner, dass ein *lift* ein *elevator*, ein *flat* ein *apartment* und ein *loo* eine Toilette ist – und er kapiert auch Harry Potter, Monty Python und James Bond."

Im weiteren Gespräch stellte sich heraus, dass selbst Fritz wusste, dass „Fußball" in England *football* und in Amerika *soccer* heißt; dass eine *mummy* in England eine Mama, in Amerika jedoch eine Mumie ist; wer in London *chips* bestellt, frittierte Kartoffelstäbchen bekommt, in New York hingegen frittierte Kartoffelscheibchen.

„Siehst du?", sagte ich. „Geht doch."

Charlotte war überhaupt nicht meiner Meinung. „Du hast gut reden", schimpfte sie. „Du hast nie die Erfahrung gemacht, mitten im Restaurant zu sitzen, von jedem hergelaufenen Kellner angegrinst zu werden und wochenlang unanständige Angebote zu bekommen!"

Na gut, ich konnte ihr Argument verstehen. Da war dieser Zwischenfall auf unserer Chicago-Reise gewesen. Wir aßen schon am ersten Abend im Hotelrestaurant, und Charlotte – vielleicht ein wenig übermütig – wollte ein Dessert bestellen, von dem sie schon viel gehört hatte. Also winkte sie den Kellner her und sagte zu ihm: *„Do you have a spotted dick for me?"*

Warum der Kellner stutzte, wurde ihr nicht gleich klar. Auch nicht, warum die anderen Kellner, ja, das gesamte männliche Hotelpersonal sie die folgenden zwei Wochen ganz besonders freundlich behandelte – immer wenn sie sich umdrehte, stand da bereits einer, der sie angrinste und fragte: *„Can I bring you anything? Anything you want. Anything."*

Ich brachte es nicht übers Herz, ihr zu erklären, dass *spotted dick* in Amerika eine etwas andere Bedeutung hat als in England. Das erfuhr sie erst später in Deutschland. Es war die dunkelste Stunde in unserer Beziehung. In England ist *spotted dick* ein traditioneller Pudding. In Amerika aber bedeutet *spotted* „gefleckt" und *dick* „Penis".

Ich musste also Charlotte hoch und heilig versprechen, Fritz eine Liste von Begriffen mitzugeben, die in Amerika etwas anderes bedeuten als in England.

Ich gehe bestimmt recht in der Annahme, dass Sie keinen davon in der Schule gelernt haben.

Meine persönliche Fettnäpfchenliste

Bash vs. bash

Bash meint sowohl in Amerika als auch in England eine Party. In England aber kommt eine weitere Bedeutung hinzu: *Bash one out* beziehungsweise *have a bash* heißt „masturbieren". Wenn ein Engländer sagt *Why don't you come over? We're having a little bash*, fragen Sie ruhig nach, was er denn damit meint.

Bomb vs. bomb

„Na? Wie war die Party?" Heißt die Antwort auf diese Frage *It was a bomb* und man ist zufällig in England, dann war die Party „einfach bombig". Ist man in Amerika und die Antwort heißt *The party bombed* (oder das Theaterstück, der Film oder Microsoft Windows Vista), war sie eine Pleite.

Bonk vs. bonk

Ein *bonk on the head* mit einer Keule tut in Amerika weh. In England ist *bonking* eher genussvoll gemeint – nämlich der „Geschlechtsverkehr".

Boob vs. boob

Boobs (*boobies* ist die Kinderversion) sind in den USA und in England ein Paar weibliche Brüste. Dazu kommt, dass der Engländer das Wort für „Fehler" und der Amerikaner es für einen „dummen und gutgläubigen Menschen" verwendet.

Nicht zu verwechseln mit *boob tube* – in England ist das ein „enges, schulterfreies Kleid", in Amerika die „Glotze".

Bum vs. bum

In den USA ist ein *bum* ein Penner, auch im übertragenen oder ironischen Sinne: *I love you, you bum*. Für die Engländer ist *bum* aber der Hintern – also Vorsicht mit derartigen Liebeserklärungen dortzulande. Wenn es um den Hintern geht, sagen wir in den USA *butt*.

Cracker vs. cracker

Ein *cracker* ist in England sowie in Amerika ein ungesüßter Keks, ein *firecracker* ein Feuerwerkskörper. Allerdings hat der Satz *You're a cracker* mit einer anderen Art Feuerwerk zu tun: In England haben Sie damit gerade zu einer Frau gesagt: „Sie sind aber eine Zuckerschnecke" und in Amerika einen weißen Mann einen „asozialen Penner vom Lande" genannt.

Fag vs. fag

Fragt einer in England „*Got a fag?*", dann meint er „Hast du eine Kippe?". Fragt er das in Amerika, kann's brenzlig werden – „Hast du einen Schwulen?".

Fanny vs. fanny

Komisch, wie verschiedene Länder dasselbe Wort anders sehen. Die Amerikaner verwenden das Wort *fanny* für hinten, die Engländer für vorne: Bei uns ist es ein nettes Wort für den weiblichen Hintern, in England ist es ... na ja, eben umgekehrt.

Gagging vs. gagging

Gagging meint grundsätzlich „würgen", aber in England bedeutet es auch „verzweifelt sein" – *gagging for sex* (nach Sex hecheln beziehungsweise es wirklich nötig haben).

Hoo-Ha vs. hoo-ha

Die armen Engländer, sie streiten sich zu viel und beachten zu wenig die schönen Dinge des Lebens. Dort ist nämlich ein *hoo-ha* ein Streit, in Amerika ist ein *hoo-ha* das unaussprechliche weibliche Primärgeschlechtsteil.

Hooker vs. hooker

In England ist ein *hooker* ein Stürmer beim Rugby – in Amerika eine Nutte. Also: Achtung bei Sportgesprächen in geselliger Runde!

Knickers vs. knickers

Es hat jahrelang gedauert, bis ich verstand, was ein Engländer meinte, wenn er von *knickers* sprach. Nein, es hat nichts mit der New Yorker Baseballmannschaft die „New York Knicks" zu tun. Damit meinen die Engländer vielmehr Damenunterhöschen – also das, was wir Amerikaner *panties* nennen. *Knickers to you* bedeutet „Mir ist deine Meinung egal", und *Don't get your knickers in a twist* (Amerika: *Don't get your panties in a twist*) „Reg dich ab". *Fur coat and no knickers* (Pelzmantel und keine Unterhose) meint eine Frau, die reich und glamourös aussieht, aber sie sieht eben nur so aus. Und *Oh knickers* heißt „Scheiße noch mal".

Knob vs. knob

In Amerika ist ein *knob* eine „Türklinke". In England öffnet es eine ganz andere Tür – *knob* ist Slang für „Penis".

Mate vs. mate

Briten und Amerikaner haben wohl eine unterschiedliche Auffassung von Liebe und Freundschaft. Ein *mate* ist in Amerika ein Sexpartner, (egal, welchen Geschlechts) in England aber ein (weiblicher) Kumpel. Da haben die Tiere es leichter. Egal, wo sie sich paaren, es heißt immer *they mate*.

Pecker vs. pecker

Wer in England sagt *keep your pecker up*, meint „bleib tapfer"; wer diese Worte jedoch in Amerika ausspricht, ermuntert seinen Gesprächspartner zu einer Erektion.

Pull vs. pull

Will Mann in einer Kneipe eine Dame „abschleppen", tut er das in Amerika mit den Worten *pick up* – in England aber mit *pull*. Lustigerweise benutzen die Deutschen beide Begriffe: aufgabeln und abschleppen.

Randy vs. randy

Wer Randall oder Randolph heißt, hat es in England nicht leicht. Die Kurzform heißt Randy, was „geil" beziehungsweise „notgeil" bedeutet. Das gilt eingeschränkt auch für Amerika, jedoch ist dort *horny* weiter verbreitet.

Root vs. root

Root meint allgemein „Wurzel". In Amerika kommt hinzu, dass wir damit jemanden anfeuern: *We'll be rooting for you* heißt „Wir werden dich anfeuern" – meist von der Zuschauertribüne aus. In England ist *rooting* Geschlechtsverkehr. Überlegen Sie also lieber zweimal, bevor Sie Ihren Lieblingssportler in England mit *rooting* anfeuern.

Rubber vs. rubber

In England ist ein *rubber* ein „Radiergummi", in Amerika heißt ein Radiergummi *eraser*. Bei uns bedeutet *rubber* „Pariser".

Stuff vs. stuff

Stuff ist ein sehr wichtiges Wort – in Amerika wie in England –, jedoch aus unterschiedlichen Gründen. Im konsumorientierten Amerika steht *stuff* zunehmend ironisch für den ganzen Tinnef, der sich so angesammelt hat, bis man eines Tages verzweifelt die Hände über dem Kopf zusammenschlägt und sagt: „Mein Gott, das ist alles doch bloß Kram." – *It's just stuff*.

To stuff bedeutet aber auch „stopfen". Ein Plüschtier ist ein *stuffed animal*, und wenn wir besonders viel gegessen haben, sagen wir Amis manchmal, wir seien „vollgestopft".

Das stellt jedoch ein Problem dar, sobald wir England besuchen. Denn dort heißt *stuff* zwar ebenfalls Krimskrams, aber viel wichtiger, es bedeutet auch „ficken". *Get stuffed* meint „Fick dich ins Knie". Und wenn ein Ami sich am Esstisch zurücklehnt, auf seinen Bauch klopft und verkündet: *I'm stuffed* ... na ja, dann ist das für Briten einfach nur unterhaltsam.

Tart vs. tart
In Amerika eine erfrischende, edle, leichte Torte – in England ein nicht so edles, leichtes Mädchen, das wahllos Männern Erfrischungen anderer Art anbietet.

Tramp vs. tramp
Ein Tramp ist auf beiden Seiten des Atlantiks ein Obdachloser oder Landstreicher wie im Disneyfilm „Susi und Strolch" („Lady and the Tramp", 1955). Aber in Amerika kommt ein weiterer, etwas veralteter (und fast niedlich gemeinter) Begriff hinzu: „Schlampe". Und so heißt der Hit aus dem Musical „Babes in Arms" von 1937, von dem der Disneyfilm später seinen Titel lieh, gesungen unter anderem von Frank Sinatra:

> The Lady Is a Tramp
> *She gets too hungry for dinner at eight*
> *She loves the theater, but doesn't come late*
> *She'd never bother with people she'd hate*
> *That's why the lady is a tramp.*